长安

传统节日之都

韩养民 著

西安地图出版社

图书在版编目（CIP）数据

长安：传统节日之都 / 韩养民著 . -- 西安：西安地图出版社，2024.5

ISBN 978-7-5556-0950-6

Ⅰ . ①长… Ⅱ . ①韩… Ⅲ . ①长安（历史地名）—节日—文化史—研究 Ⅳ . ① K294.11 ② K892.1

中国国家版本馆 CIP 数据核字 (2024) 第 069311 号

著作人及著作方式：韩养民 著

出 版 人：毛腊梅

责任编辑：呼雪梅

责任校对：郭 昕

书籍设计：袁樱子

书名：长安——传统节日之都

CHANG'AN——CHUANTONG JIERI ZHI DU

出版发行：西安地图出版社

地址邮编：西安市友谊东路 334 号 710054

印　　刷：北京雅昌艺术印刷有限公司

开　　本：787 mm × 1092 mm 1/16

印　　张：13.5

字　　数：245 千字

版　　次：2024 年 5 月第 1 版 2024 年 5 月第 1 次印刷

审 图 号：GS 陕（2024）003 号

书　　号：ISBN 978-7-5556-0950-6

定　　价：98.00 元

《长安——传统节日之都》编委会

自　序

长安
传统节日的破晓地

节日文化是一定时期人们精神风貌、价值观念、审美情趣的反映，是人类生活的“活化石”，也是牵动人心最多、闪现民族智慧、传承民族精神的载体，是社会黏合剂。然而，当我们探幽溯源时，发现迄今为止，前人并没有为我们留下令人满意的文字记录，仅在一些史书中存有只言片语。绝大部分节俗起源的证据都已尘埋在不可复现的年代之中，再也见不到先民的生活哑剧，听不到他们唱的歌，看不见他们跳的舞，许多史学家常常苦于史料贫乏，回顾茫茫、徘徊、叹息，望而却步，问津者少。节日的起源依然隐藏在浓浓的历史迷雾中，拨不开，梳不清，理还乱。

近年来，随着国家对文化遗产的重视，考古学家的新发现、民俗学家的社会调查成果日益增多，为我们探索节日起源开拓了新视野，有助于我们去约略推想先民社会生活的依稀面目，拨开以往被历史迷雾笼罩着的原生态的身影和容颜。从 20 世纪 80 年代中期起，学者们跳出前人藩篱，从多角度对节日文化作出较为系统的梳理，这不仅体现在以传统的研究方法把节日文化从正史、野史到文人笔记小说的历史堆积中梳理出来，形成一系列超越前人的成果，还表现在引入现代研究方法，对节日文化之源及其发展过程作出较为有益的探索。可以说，当代节日文化的研究，已经从单纯材料累积迈入理想思维阶段。

《长安——传统节日之都》一书根据史料提出了传统节日源于长安之说。中国传统节日习俗无一不源于长安，长安不仅是周、秦、汉、唐千年古都，同时也是这一时期中国传统节日文化的破晓地和非物质文化遗产的中心。节日文化是社会群体或地域间人们相沿成俗的行为方式和生活方式，从古代文化中走来，是人类社会发展到一定阶段的产物，它的产生不是天马行空，独来独往，而是与一定区域的社会文明，如天文、历法、数学、原始宗教的发展密不可分。在“山中无历日，寒暑不知年”的时代，不可能形成节日，这是人所共知之事。夏、商时代，文化之谜重重。及至周人建都镐京，周公制礼，为原始崇拜、祭祀鬼神之俗披上“礼”的合法外衣。“礼”是约束人们生活方式和行为的准则。东汉许慎《说文解字》云：“礼，履也，所以事神致福也。”也就是说，礼是原始宗教信仰。小篆“礼”字，左边是神，右边是行礼之器，显然，礼有浓厚的宗教性特征。节日文化与周文化结缘，尊祖敬祖、行春仪、祭春社、岁终祭百神（腊日）等节日习俗在周人的宗教信仰中孕育、萌芽。今日学者探讨古代节日起源时，如尊祖祭祖等大量的材料都要从《周礼》《礼记》中撷取。古代节日植根于深厚的周文化土壤里，镐京自然成为传统节日的破晓地。

历史长河流入汉代，闪现出一道与西周时期大不相同的文化事象。首先是《太初历》的出现，汉武帝采纳太史令司马迁等人的建议改定历法，司马迁、唐都、落下闳、邓平等人受命制定新历，以正月（建寅孟春之月）为岁首，改元封七年为太初元年（前 104 年），首次把二十四节气订入历法。《太初历》是我国历史上第一部比较完整的历法，也是我国历法史上一次重大改革，为研究节庆文化提供了一个参照系和时间坐标。于是春节以正月为岁首，春节里有了驱傩、祭祖、祭神，削桃木梗制神荼、郁垒二人形象于门上（门神雏形），官吏行朝贺礼，庶民用火烤竹使其爆烈发声来驱山鬼和迎新年等一系列喜庆活动；正月十五日隆重祭太一神（亦称“泰一”或“太乙”）而形成张灯结彩之俗；上巳节祓禊；清明节扫墓；七夕节乞巧；中秋节拜月……一个又一个节日习俗兴于长安，且为社会群体认同。如果说西周是节日习俗的萌芽期，那么，汉代承先启后，为节日文化的发展奠定了基础。

当历史进入唐代，政治稳定、经济发达，“稻米流脂粟米白，公私仓廪俱丰实”。经济的发达为文化的繁荣创造了极好的条件。盛唐之音，中唐之韵，汇成了一首诸调并见、丰富和谐的交响曲。当此之时，备受社会关注的节日风俗亦进入划时代的转变时期，节日从昔日充满禁忌的神秘气氛中脱离出来，转变为娱乐型、礼仪型，成为真正的“佳节良辰”，且向奢侈享乐方向发展。

在元旦（春节），爆竹不再是驱鬼的手段，“噼噼啪啪”的响声已成为欢乐与热闹的象征；驱傩也转化成街头演出的小戏，庄严神秘的仪式变成了人们喜闻乐见的娱乐活动；元宵节祭神的灯火变成了人们游观的花灯；上巳节祓禊被踏青所代替；中秋节由拜月变成了赏月，又增添了食月饼习俗；重阳节已成了赏菊盛会……每逢佳节，“游乐城观”“仕女如云”的记载在唐人的诗赋中比比皆是。

节日变得欢乐愉快，风俗生活内容也变得丰富多彩。大量的体育娱乐活动出现在唐人的节日里。荡秋千、放风筝、蹴鞠、打马球、拔河、射箭、走马、游猎、斗百草……形式多样。不同季节、不同节日的活动内容也各有不同。尽管早在魏晋南北朝时，许多节日风俗已向娱乐型转变，一些体育娱乐活动也在节日出现，但远不及唐代变得这样彻底，这样普遍，尤其是节日观念上的转变。唐代有关节日的神话故事，也不再那么狰狞恐怖，而变得生动活泼，浪漫而又富有诗意，如传说唐玄宗中秋时偕道士游广寒宫，月宫桂下，闲姝成群，歌舞迷人；魏晋时织女还被视为好吃懒做而被惩罚之人，唐代以后，她已成了真善美的化身；至于凶神恶煞的捉鬼门神，先由钟馗取代，后由秦叔宝、尉迟敬德二位将军担任。繁荣的社会经济带来了轻松愉快的节日风俗，反映出唐代百姓丰富的生活情趣。

节日文化源于长安，萌芽于西周，定型于汉，盛行于唐（除了中秋节定型于唐，盛于宋）。优秀的节日文化是没有界限的，唐长安的节日文化不再仅为长安人所有，也不再只是长安人的专利，而是随着汉文化的传播，超越地域、民族、国界，远播海内外。在世界文化交流史上，长安节日文化书写着闪光的一页。

今日读长安节庆文化，如同跨入中国传统文化的巍峨殿堂，目之所及，奇光异彩，愈读愈感到意蕴无穷，它如同一道精神大餐，滋养、愉悦了一代又一代国人，走出国门的华人、华侨，以及高鼻深目的外国友人。

长安节日，节日长安，使我们的民族节日之树开满了五彩缤纷的花朵。

二〇二四年一月二日

目　录

001 第一章 年文化的前奏

002 第一节 冬至大如年，年节预演

014 第二节 腊日，年节序幕

023 第三节 祭灶，年节开幕

031 第二章 汉长安，年节发祥地

032 第一节 除夕，一夜连双岁

046 第二节 元旦，举国欢腾迎新年

072 第三节 正月中旬动帝京

105 第三章 汉风唐韵清明时

106 第一节 清明时节话扫墓

111 第二节 长安水边多丽人

114 第三节 鲜花祭祀倡新风

117 第四章 日逢重午正端阳

118 第一节 “节日”与“恶日”

121 第二节 端午与屈原

122 第三节 千古端午有分教

126 第四节 端午话食疗

131 第五章 七夕与长安结缘

132 第一节 汉长安，七夕破晓地

136 第二节 乞巧之俗两千年

140 第三节 异彩纷呈七夕节

143 第四节 丝路七夕有奇俗

147 第六章 月到中秋分外明
148 第一节 月祭礼俗三千年
151 第二节 盛唐滥觞
155 第三节 中秋节蜚声海外
158 第四节 月光下的思念

165 第七章 敬老情切重阳节
166 第一节 萌芽于战国
168 第二节 定型于汉长安
169 第三节 登高祈福
171 第四节 手杖春秋

175 第八章 节日漫谈
176 第一节 记录节庆第一人——司马迁
180 第二节 秦岁首——秦朝怎样过年
183 第三节 春节文化的力量
187 第四节 二十四节气定型于汉长安

199 附 录
200 参考文献
204 韩养民重要著作译著目录

第一章
年文化的前奏

“爆竹一声除旧，桃符万户更新。”在冬尽春来、岁序更替、辞旧迎新的时节，人们迎来年节这一举国上下共享的盛大民族节日。这是迄今为止流传历史最久、流传地域最广、过节人数最多、规模最大的节日。它是名副其实的中华民族最隆重的第一大节，也是日趋国际化的重大节日。

生活在漫长农耕岁月的先民，为了年节吉祥，在年节前安排了贺冬的冬至，祭百神的腊日，祈福的祭灶等一系列前奏活动，具有特殊的名称、特定的节俗，并赋予了独特情感记忆与深厚文化内涵，把年节前的社会生活点缀得多姿多彩，为新年铺平吉祥之道。

冬至大如年，年节预演

第一节

年，是时间概念，也是计时单位。年节无疑起源于计时单位的年。人类在漫长的蒙昧时期，过着“山中无历日，寒暑不知年”的生活。后来由于社会进化和生活的需要，才逐渐从实践中总结出测定时间的方法。

根据文献记载，我国在新石器时代晚期已开始观测天象，确定方位时间。《史记·历书》记载，颛顼时设“火正”官，帝尧时又设立“羲和”之官，以“明时正度”指导农业生产，所以“阴阳调，风雨节，茂气至，民无夭疫”。这种以观测天象来确定四时季节的方式叫“观象授时”。夏代根据北斗斗柄的指向和若干恒星的出没来定时月，并用于天干纪年，商代已用干支纪日，在殷墟甲骨卜辞中还有十二个月名。但是，“年”的名称却出现得比较晚。据《尔雅》记载，尧舜时称“年”曰“载”，夏代称“年”为“岁”，商代改“岁”为“祀”，周代才称之为“年”。

年的本义是农作物的丰收。甲骨文中的“年”字是人背禾的象形字，指收成。甲骨卜辞中常有“受年”“受丰年”“求年”等，那时，先民在农作物丰收之后要举行庆祝活动，祭祀神灵，感谢赐予，并祈求丰收。由于当时禾谷一年一熟，人们自然将禾谷成熟一次称为一年。商代并不特别看重禾谷成熟周期，而周代以农立国，农业丰收是王朝大事，因此以禾谷收获期作为年度时间名称。农耕文明成为年文化的母文化。

年是农耕文化的时间表现形式。年由周代确定，并以夏历十一月为岁首之月，因此在十月末、十一月初的过年节庆，就成为人们最向往的日子。《诗经·豳风·七月》云：“九月肃霜，十月涤场。朋酒斯飨，曰杀羔羊。跻彼公堂，称彼兕觥，万寿无疆！”为庆祝一年的收获和新的一年的到来，人们捧上两樽清香美酒，抬着宰杀的羔羊，聚在一起，高举牛角杯，同声祝贺，万寿无疆。这场面是何等热烈。

《诗经·周颂》中保留着一首秋收后祭祀祖先时唱的乐歌——《丰年》：今年的粮食收获那么多呀！粮仓是那么高大，用丰收的五谷酿成酒和醴来祭祀祖先和神灵，让神灵的恩泽遍施人间。西周这种年终庆祝农业丰收、祭祀祖先的活动，尚未固定在某一天进行，但它已经有了基本规律，大约一年一度，在新旧两年交替之际进行。这些活动正是年节的雏形，之后的年节风俗正是从这里萌芽并逐渐发展起来的。

秦人推行《颛顼历》，以十月为岁首，汉承秦制，汉初仍以十月为岁首。汉武帝太初元年（前 104 年）正式确定以夏历正月为岁首。此后历法虽不断修正变化，但以正月为岁首没有改变，年节也就固定下来，成为农业社会的时间标志，体现着农人的生活节律，这样的传统在中国延续了三千年。从这一意义上来说，年文化是古老的，它作为中国人的首要节日，年复一年地为人们提供庆祝与欢乐的机会，人们从年文化盛典活动中获得一次次精神更新，从农耕丰收迈向精神文化丰收，因此，年文化具有无限活力。

一、节气的起点

冬至又名“长至”，也称“长日”“至日”“小至”“冬日”“冬节”“冬年节”。它既是二十四节气之一，也是古代重要的节日。它在节日中的地位与新年比肩。因此，唐诗宋词中又称冬至为“小岁”或“亚岁”。

冬至是二十四节气中出现较早的节气之一。在《吕氏春秋·有始览》《逸周书·时训解》《周礼·秋官司寇》等先秦文献中留下了清晰的文字记录，这是古人观测天象、探索天气变化的硕果。我国以农立国，先民很早就注意到农业生产的季节性，他们用圭表测出日影的长度和昼夜的长短，在一年的时间中定出若干点，每一个点代表一个节气。从汉武帝太初元年（前 104 年）起，冬至便定在农历十二月二十二日或二十三日。这一天，太阳经过冬至点，阳光几乎直射南回归线，于是冬至成了传统节日中昼最短、夜最长的节日。冬至后，阳光直射位置逐渐北移，白天变长，日长一日，所以冬至亦称“长至”或“长日”。古人以阳为大，阴为小，冬至阴衰至极，故又称冬至为“小至”。唐代大诗人白居易《冬至夜》诗云：

三峡南宾城最远，一年冬至夜偏长。

（录自蒲积中《古今岁时杂咏》，辽宁教育出版社，1998 年版，第 451 页）

又有《冬至宿杨梅馆》诗云：

十一月中长至夜，三千里外远行人。

（录自蒲积中《古今岁时杂咏》，辽宁教育出版社，1998 年版，第 450 页）

那时，人们从生活实践出发，把冬至看成节气的起点。西汉司马迁《史记·天官书》记载："岁始冬至日，产气始萌。"人们以北极星为时空坐标，冬至不仅仅是节气的起点，也是推算时间循环的起点，是计算时令的基点，如冬至后第三个戌日为腊日（十二月八日），冬至后四十五日是立春，冬至后百五日是寒食，冬至后百六日是清明。古代历法的编订、颁布也选在冬至日，如汉武帝元封七年（前 104 年）十一月甲子，正好是冬至，遂颁行《太初历》。冬至成为历法起算的最佳时刻。

由于冬至是推算历法的理想时间，也是古人关注天象、观测未来人事吉凶、预测农业收成的重要时刻。汉人每逢冬至，立表测影。"晷进则水，晷退则旱"，中晷则"岁美，人民和"，否则"岁恶"。以冬至日出、日落时的天气状况预测来年吉凶之俗，一直传到后世，盛行不衰。

二、贺冬

古代冬至被视为重大节日，民间说冬至大如年。那时，人们认为冬至是节气循环的开始，是一吉日，之后阳气开始回升。《后汉书·礼仪志》引东汉蔡邕《独断》记载："冬至阳气起，君道长，故贺。"从汉代起，每当冬至来临，举国庆贺，俗称"贺冬"。《淮南子》记载："冬至日，天子率三公九卿迎岁。"人们把冬至与新年视为一样重要，无论是达官显贵，还是刀笔小吏，或是饱学大儒，都放假回家，欢庆佳节。贺冬之俗，将节日生活点缀得绚丽多姿。

到了魏晋，贺冬之俗仍传承不已。《宋书》记载："魏晋冬至日，受万国及百僚称贺，因小会，其仪亚于岁朝。"

唐代贺冬与新年并重。人们认为“冬至阳生，万物苏醒”。此时虽然处于寒冬季节，但春天的脚步已临近，杜甫《小至》诗云：“天时人事日相催，冬至阳生春又来。”京城长安贺冬之仪，如新年般热闹，边塞也是如此，人们期盼阴阳协调，万物和顺，所以有贺吉之仪。

值得关注的是，北宋京城开封，贺冬之仪十分隆重，冬至与春节、寒食为三大节日。冬至这天，皇帝接受朝贺，时称“排冬仗”。官吏、市民放假三日，欢度冬至节。宋孟元老《东京梦华录》卷十记载：“十一月冬至。京师最重此节，虽至贫者，一年之间，积累假借，至此日更易新衣，备办饮食，享祀先祖，官放关扑，庆贺往来，一如年节。”关扑是赌戏名，犹如后世赌掷财物之类。不仅北宋都城开封重冬至节，南宋都城临安（今杭州市）的冬至节也甚为隆重。南宋周密《武林旧事·冬至》记载：“朝廷大朝会庆贺排当，并如元正仪，而都人最重一阳贺冬，车马皆华整鲜好，五鼓已填拥杂沓于九街……三日之内，店肆皆罢市，垂帘饮博，谓之‘做节’。”元马臻《霞外集·至节即事》诗云：“天街晓色瑞烟浓，

主人宾客齐聚庭院共祝冬至　莫高窟第146窟东壁（五代）　敦煌研究院提供

名纸相传尽贺冬。”可见宋代两京吏民都把冬至看得跟过年一样重要。冬至大如年，在宋代名副其实，这在古代节俗史上是一道耀眼的节俗事象。

重贺冬之仪，传承至明清，京城北京依然隆重。李家瑞《北平风俗类征上下两册（影印本）·岁时》引《帝京景物略》记载：“十一月冬至日，百官贺冬毕，吉服三日，具红笺互拜，朱衣交于衢，一如元旦。”又说：“京师最重冬节，不问贵贱，贺者奔走往来。”显然，明清时，北京人无论是达官显贵还是庶民百姓，每逢冬至，走亲访友，互致贺礼，成为京城一道亮丽的风俗景象。

南朝梁人宗懔《荆楚岁时记》记载：“九尽寒尽。”大约从南北朝时期开始，古人就有把天气从冬至到春分，划为九个九天的观念。从“一九”数起，一直数到“九九”为止。民间出现的《九九诗》、《九九消寒图》、“消寒会”，正是这一风俗事象的反映。坊间谚语：“一九二九，相逢不出手，三九四九，围炉饮酒，五九六九，访亲探友，七九八九，沿河看柳，九九八十一，穷人受罪毕。”这是冬至到春分期间中原地区天气变化的真实写照。“消寒会”是唐宋时期的习俗。唐宋文人有豁达之风，以聚饮为乐，冬至后，经常邀集朋友，轮流做东，举

《九九消寒图》文字版　故宫博物院提供

行宴会，时称“消寒会”。正如五代后周王仁裕《开元天宝遗事·扫雪迎宾》记载：“巨豪王元宝，每至冬月大雪之际……扫雪为径路，躬亲立于坊巷前，迎揖宾客，就本家具酒炙宴乐之，为暖寒之会。”

三、饮食

节日饮食是一种动态文化，它随着物质文明的进步、时代的需要而变化，不同的时代，不同的地域，不同的民族，都有不同的节日饮食文化。

提及冬至饮食，人们往往疏忽了冬至喝赤豆粥之俗。《太平御览》引《荆楚岁时记》记载：“冬至日作赤豆粥。”这是文献资料中记载冬至饮食较早的文字。赤豆又称赤小豆，关中农村俗称红小豆，与小米熬成稀饭，受人们喜爱。古代人冬至以赤豆粥为主料，与周人尚赤习俗密不可分，《礼记·檀弓》记载：“周人尚赤。”尚赤，是华夏民族的特征之一，此俗影响久远。汉魏时代吃赤豆粥，旨在祈福辟邪求吉祥。赤豆不仅可食，还可入药。明李时珍《本草纲目·谷》记载，赤豆能清热消肿、排脓，是治水肿、脚气的良药。所以，冬至喝红豆粥，是具有时代特征的良风美俗。

至于冬至吃馄饨或饺子之俗源于何时，学术界众说纷纭，苦于史料贫乏，至今尚无定论。尽管在山东春秋古墓中发现了三千多年前的饺子，新疆大漠中也出土了唐代饺子，但如果没有文字佐证，仅靠出土文物去推想冬至吃饺子的确切起源时间，也只能是一种理论推断或假设性探索。这个问题依然隐藏在浓浓的历史迷雾中，拨不开，梳不清，理还乱。倘若以文献记录为准，清富察敦崇《燕京岁时记》记载：冬至“民间不为节，惟食馄饨而已”。故京师谚曰：“冬至馄饨，夏至面。”显然，明清时期北京人冬至的时令食品是馄饨，毫无疑问。

出土于滕县薛国故城（春秋墓葬）的饺子
滕州市博物馆提供

今日习俗，北方民间冬至吃饺子，南方吃汤圆。南方民间除吃汤圆外，各地还有不同的饮食习俗，如福建晋江人，冬至和过年一样家家蒸年糕、搓丸子。年糕以示年年高升，全家福寿延绵。丸子有红有白，花样繁多，象征吉祥。吃丸子时，要将几粒红丸子，贴在门户、器物上，以酬谢诸神。尚赤之俗三千年，非小说家言，并不是凭空杜撰。

四、尊老敬师

（一）尊老

汉代以孝治国，把尊老、敬老纳入治国方略。后唐马缟《中华古今注》记载："汉有绣鸳鸯履，昭帝令冬至日上舅姑。"《太平御览》引东汉崔寔《四民月令》记载：冬至之日"其进酒肴，及谒贺君师耆老，如正旦"。耆老特指受人尊敬的老人，六十曰耆，七十曰老。汉代习俗，每年冬至节，向老人进酒，以示尊老，同时要尊敬师长和年高有德望的老者。妇女给长辈献鞋袜，其礼仪和春节一样。

魏晋之俗，冬至这一天妇女要为公婆或舅姑献履献袜做粥，时称"行冬至之仪"，或称"长至之仪"。陈思王曹植曾作《冬至献袜颂表》一文赞颂敬老之风。《太平御览·时序部》引《宋书》记载："冬至朝贺享祀，皆如元日之仪，又进履袜，做赤豆。"履即鞋，古人鞋底有单双之分，单底者叫"履"，双层以上者称"舄"。此俗一直传承到明清时期，明刘侗、于奕正合撰的《帝京景物略·春场》记载，"十一月冬至日""一如元旦，民间不尔，惟妇制履舄，上其舅姑"。

尊老敬老是中华民族的传统美德，是人伦道德的基础，是节日文化的魂宝，在人类历史长河中，始终闪耀着不灭的光芒。

（二）敬师

《礼记·郊特牲》记载："郊之祭也，迎长日之至也。"即冬至要行祭天之礼，贺拜君长。开创冬季尊师祭孔者，正是汉高祖刘邦。他起兵反秦时，崇拜刀和剑，轻视文化，曾"以儒冠为溺器"。当他称帝即位后，以孝治国，把文化教育列入议事日程。汉高祖十二年（前 195 年）十一月，在平息陈豨之乱后，从淮南返回

汉高祀鲁（选自明人彩绘《圣迹图册》）　孔子博物馆提供

长安途中过鲁地，专程赴曲阜祭孔。《汉书·高祖本纪》记载：“十一月，行自淮南还。过鲁，以大牢祠孔子。”大牢，即太牢。当时，帝王、诸侯王祭社稷时，以牛、羊、猪三牲全备，称之为太牢。昔日轻视文化，今日却以最隆重之太牢祭孔，刘邦不仅是汉代开国之君，还是古代第一位亲临曲阜尊孔祭孔的皇帝。此举为中国尊师祭孔史写下了浓墨重彩的一笔。也许刘邦自己都没有想到，一场祭礼居然改变了汉人轻视文化之风。

汉武帝独尊儒术后，将君、父、师称为“三尊”，使之成为敬奉的对象。从汉代起，冬至民间敬贺的对象扩大，不仅有天、地、君、亲，还有老师。冬至节日增添了新内容，被赋予更丰富的人文色彩。这一节俗，长期被文化界疏忽，被人冷落。今怀着对古代先贤敬佩之心，发微探幽，拾遗补阙，以期唤醒人们的历史记忆，不让千年良风美俗湮没在历史尘埃中。

汉武帝把封建专制制度系统化，形成了一套完整的思想体系。孔子被封为至圣先师，孔孟的儒学思想为正统思想，攻读五经成了干禄仕进的敲门砖。儒家的学术著作如雨后春笋，儒家学者大力提倡的尊师敬老之说，在许多著作中都有论述。其中，西汉戴圣采集先秦典籍编《礼记》四十九篇，《礼记》中论述了古代君王举行尊师敬老的礼仪，每年的春夏秋冬四季，君王视察学校时举行尊师敬老的庆典，时称“燕礼”。这些记载保留了一部分古代历史的影子，其中也加入了儒家学者的理想成分。而把尊师敬老纳入治国方略则始于汉代。汉武帝创办太学，置五经博士，作太学专门的教官。到东汉，光武中兴，汉光武帝刘秀是王莽新朝入长安学《尚书》的儒生，好经术，以“儒门正宗”自诩，于洛阳开阳门外重建太学。他儿子汉明帝刘庄，重视教育，尊师重道之风大兴。汉代太学尊师重道，除冬至敬师外，学生日常学习中必须严守师法或家法，传承老师的学说。那时博士讲经都是口头传授，凡老师所传授的，弟子所学习的一个字都不敢有出入，口授抄写，唯恐讹误，严格遵守老师的教授，不能有任何改变。所以，西汉学校师生偏重于名物制度、章句训诂，不允许对义理内涵作自由发挥，只专一经，成一家之言，很少能兼通几经的，这就叫重师法。《汉书·儒林传》记载，汉儒孟喜跟从田王孙学《易》，因改师法就不能进太学当博士；而张禹重师法，入太学，当了教官。在太学，西汉重师法，东汉重家法。东汉讲经，论述编注繁盛，各家支派多，自然重家法。

汉代尊师重教的代表是汉明帝刘庄。刘庄为太子时，师从博士桓荣。据《后汉书·桓荣传》记载，明帝即位后，待桓荣“尊以师礼”。当时桓荣为太常，明帝曾去太常府，让桓荣坐东面（为上座），设几杖，聆听老师的教诲，还集合官吏、东平王刘苍和桓荣门生数百人，向桓荣行弟子礼。当时，桓荣年八十余，一旦患病，明帝便派使者慰问，或派太官、太医为其治病。明帝也亲幸其家探望，当车辇到桓府所在街道时，明帝下车步行，“拥经而前，抚荣垂涕，赐以床茵、帷帐、刀剑、衣被，良久乃去”。后桓荣寿终，明帝亲执弟子礼，穿孝服为其送葬。值得称道的是汉明帝曾亲临太学讲学，大会诸儒。永平二年（59年）十月，太学隆重举办敬老尊师典礼。礼仪前，汉明帝选德高望重的李躬为“三老”，桓荣为“五更”。选三老五更就是尊重年尊才高的老人。举行仪式时，先派遣使者驾安车到太学讲堂，迎接事先已在这里斋戒的三老五更，待三老五更下车，汉明帝亲自去迎接，三老五更向皇帝答拜，皇帝作揖回礼。宴会开始后，皇帝挽起袖子，割下祭肉，恭敬地进献于三老五更，宫廷乐队高唱《诗经·小雅》中的《鹿鸣》，殿堂内外，轻歌婉转，气象肃穆，礼仪庄严。宴会后，李躬、桓荣进宫谢恩。

自从汉明帝确定以三老五更为中心的皇家敬老尊师后，历代王朝君主纷纷效仿，以这种方式作为实行伦理道德教育的传统仪式。

汉代太学行尊师礼，地方郡国皆立官办学校，学制为四级，郡、国曰“学”，道、县、邑、侯国为“校”，乡曰“庠”，聚曰“序”。汉代私立学校分为三个阶段，一曰蒙学，二曰学《论语》《孝经》，三曰读经。入蒙学旨在识字习字，学《论语》等在于受道德教育，学经在于入仕治民。

汉代学童读书拜师以十一月为准。学生初见业师，必先奉赠礼物，以示敬意，称“束脩之礼”。《四民月令》记载，十一月冬至，命幼童读《孝经》《论语》。汉代以孝治国，读《孝经》《论语》体现了重视孝道，尊崇孔子，是冬至敬师的重要内容之一。

自汉代之后，尊师重教之风方兴未艾。唐朝广纳百川，行开放、包容之策，经济繁荣，文化发达，由此形成无与伦比的大唐盛世，而尊师重教又是构成大唐气象不可或缺的因素。据《唐会要》卷三五记载，唐高祖武德二年（619 年）六月一日下诏，令有司于国子监为周公、孔子各立庙一所，四时致祭。贞观二年（628 年）十二月，唐太宗采纳尚书左仆射房玄龄建议，以孔子为先圣、颜回为先师。贞观十一年（637 年）立孔庙于兖州。贞观十四年（640 年）唐太宗入国子监，亲临释奠，祭祀先圣先师。之后，每逢春秋入学之时，必派太子入国子监行释奠典礼。开元七年（719 年）十一月十一日，下令参加贡举者，必拜先师。开元二十七年（739 年）八月二十四日，唐玄宗下诏，追封孔子为文宣王，两京国子监及天下诸州四时致祭。由此可见，唐代冬至敬师虽未成为定制，但将敬师尊孔列入国家大典，为孔子立庙封王，成为敬师尊孔史上一大亮点。

冬至敬师盛行于宋代。宋代群儒奋起，开创了以己意解经的新时代。冬至成为朝野最重视的节日之一。《东京梦华录注·冬至》记载：“十一月冬至。京师最重此节。”这天，京城内的寻常百姓都要穿新衣，摆设酒宴，祭祀先祖，向尊长、老师祝福。大小官员穿新朝服，参加朝廷组织的团拜会，书院举行朝贺会，敬孔拜师。宋人把冬至看得跟过年一样重要。

汉代勃兴的冬至敬师新风，如一泓清流，涓涓而来，流入太学、州学、县学，也入了私塾讲堂。官办学校在孔庙祭孔。宋代文气极盛，南宋虽日渐陈腐，反对革新的程（程颢、程颐）朱（熹）理学一度唯我独尊、空谈心性、因循守旧，但对敬师尊孔大声疾呼，使其在宋之后大放异彩。元、明、清，敬师尊孔达到顶峰。13 世纪，从漠北崛起的蒙古族入中原，政治形势一时云谲波诡，时局变幻莫测，即便如

梦奠两楹（子贡拜见孔子，选自明人彩绘《圣迹图册》） 孔子博物馆提供

此，也没能挡住敬师尊孔之潮。元成宗大德六年（1302 年）在北京安定门内建孔庙，大德十一年（1307 年）加封孔子为“大成至圣文宣王”。清圣祖康熙为孔庙大成殿题匾“万世师表”，孔子的道德、学问成为永远学习的榜样。那时，朝廷每年仲春（二月）及仲秋（八月）上丁之日祭孔，叫“丁祭”，也称“祭丁”。明清时期地方办的乡学、私塾、义学，皇家为宗室子弟办的宗学，冬至都举办尊师礼仪。

明清时期州县立孔庙，亦称文庙，遍布各地的私塾冬至敬师，不仅祭孔，还要拜师。以汉风唐韵文化遗风浓厚的陕西为例，关学宗师张载创立的横渠书院、弘扬关学的西安关中书院、三原宏道书院、泾阳陕甘味经书院、蓝田芸阁书院等地方学校都有拜师活动。关中地方县志留下了各地私塾拜师记录。如清道光《咸阳县志》记载，道光年间，咸阳县各乡镇私塾在冬至这天进行祭礼活动，家长或拜访老师，或设家宴热情招待老师。清宣统《泾阳县志》记载，清末溥仪宣统年间，泾阳县冬至日设盛宴谢师。三原、泾阳是关中人文荟萃之地，关学勃兴，重视教育，每逢冬至举办敬师会，尊师敬师成为地方传统美德。民国时期，官方、民间冬至都有敬师尊孔活动。民国三年（1914 年），袁世凯颁发《祭孔告令》，并举行了民国官方祭孔活动。在一些地方志民俗资料中，记载民间冬至敬老敬师之俗颇为醒目。丁世良、赵放主编《中国地方志民俗资料汇编·华北卷》说，山西虞乡等县，冬至另有一番情景，各村学校于这一日拜献先师，学生各备豆腐来献，献毕群饮，俗称“豆腐节”。地域不同，各地敬师之仪不尽相同。冬至正是农闲时节，有些地方敬师仪十分隆重，督学要带领学生家长和学生，敲锣打鼓，浩浩荡荡，入校慰问老师。督学手端方盘，盘中放四碟菜，一壶酒，一酒杯和核桃、枣等土特产，入校后，让学生向孔子像叩头，再向老师叩头请安，学生家长向老师作揖问候，送酒菜及土特产。学生为老师打扫房间，之后，大家围坐在一起，督学、家长与老师喝酒，老师还分给学生每人几个核桃、枣，气氛热烈，呈现出一片喜庆的节日景象。

教师以传授知识为业，知识能改变命运。许多穷乡僻壤的幼童入学，痴心读书，改变了命运，成为社会有用之才。如北宋宰相吕蒙正，少年时父母双亡，家境寒苦，栖身于茅棚草屋苦读，于宋太宗太平兴国二年（977 年）丁丑科被录为进士第一名，高中状元。他为人宽厚正直，不贪财货，生活节俭，三登相位，是宋代有名望者之一。

回首往事，老师启迪后学之功岂能忘。每逢佳节，恩难忘，情难舍，天地为纸，江河为墨，也写不了对恩师的感谢之情。

透过历史烟尘，不难看出中华民族尊师重教之风已延续两千多年，这是中华民族传统的良风美俗，值得传承和弘扬。

腊日，年节序幕

第二节

农历十二月初八为腊日，腊日是古代年终祭祖、祭百神之日。如果说冬至是年节的预演，那么腊日则是年节的开端。

“腊”与“蜡”音同义近，又有区别，腊祭为祭祖庙，蜡祭为合祭百神，但同为年终的祭礼。腊日习俗不断丰富，腊祭、逐疫、祭祖、祭百神（祭灶神）形成腊八节，从而成为古代重要节日。民间常说：“小孩小孩你别馋，过了腊八就是年。”腊日揭开了春节的序幕。

一、腊祭

腊祭是腊日最重要的节俗。先秦的腊祭源于上古的岁终大祭，它是蜡祭、腊祭两种祭祀古仪本义的融合。蜡祭是年终合祭百神，《礼记·郊特牲》记载：“天子大蜡八，伊耆氏始为蜡。蜡者，索也。岁十二月合聚万物而索飨之。”《独断》记载蜡祭祝词为：“土反其宅，水归其壑，昆虫勿作，丰年若土，岁取千百。”人们在岁末期待着来年自然万物的和顺与五谷的丰收。据东汉应劭《风俗通义》记载，岁终祭礼在上古三代有不同的名称，“夏曰嘉平，殷曰清祀，周曰大蜡”。夏商如何祭祀因材料缺乏，难以知晓。周公以礼治国，承上启下，重视蜡祭，使蜡祭盛况空前，从一些文献记载可感受到西周蜡祭的盛况，伴随着盛大的蜡祭仪式的是民众的娱乐狂欢。

《礼记·杂记下》记载，孔子的门生子贡观看蜡祭后，孔子问他：“你感到快乐吗？”子贡比较谨慎地回答：“一国之人皆若狂。”显然，蜡祭是人们纵情狂欢之日。蜡祭之礼是一年中隆重的神灵献祭仪式之一，它与春社一道构成年度祭祀周期。蜡祭是祭祀周期的终点，也是重点，因为它有着催生新时间的特殊意义。在上古三代，蜡祭有着原始宗教典礼的意味，《礼记·月令》记载："是月也，大饮烝。天子乃祈来年于天宗，大割祠于公社及门闾，腊先祖五祀。劳农以休息之。"蜡祭、腊祭在古代略有不同，应该说，先有蜡祭，后有腊祭。战国时期以"腊祭"统称蜡、腊二祭。

狂野矫健、未脱戎狄之俗的秦人，在周人京畿之上发愤，变法图强，虽盗贼绝迹，无敌于天下，但除邪求福的腊祭之俗依然风行，每逢年终，仍举行腊祭。据《史记·秦本纪》记载，秦惠文王"十二年（前326年），初腊"。秦始皇一统天下，仍传承腊祭之礼。秦始皇三十一年（前216年）十二月，始皇"更名腊曰'嘉平'"，求江山太平，传之万世。

汉代传承秦俗。据《风俗通义·祀典》记载："汉改为腊。腊者，猎也，言田猎取禽兽，以祭祀其先祖也。"昔日周代重视的"腊先祖五祀"的腊祭内容，在汉代重新受到社会上下的重视，并且将其融入逐渐形成的岁时节日体系。腊日在汉代年节习俗中有着特殊的地位，"岁时伏腊""膢腊""正腊"等说明腊日是汉代重要的"岁终大祭"，但其原始宗教性的时祭意义大为削弱，已不像上古三代那样作为朝廷大礼，它主要是作为一个民俗节日的祭祀活动，特点之一是有相对固定的时间点。

汉武帝颁行《太初历》之后，确定在冬至后的三戌为腊日（闰岁为第四戌）。《说文解字》曰："腊，冬至后三戌腊祭百神。"司马迁在《史记·天官书》记述了西汉时腊日的情形，"腊明日，人众卒岁，一会饮食，发阳气，故曰初岁"。东汉时腊日依旧是庆祝日，有百姓欢聚宴饮。《独断》云，汉代"岁终大祭，纵吏民宴饮"，人们在腊日休息、团聚。唐代书法家欧阳询在《艺文类聚》卷五记载，东汉经学家郑玄十二岁随母回家，"正腊宴会，同列十数人，皆美服盛饰"，场面热闹；西汉酷吏严延年任河南太守，其母从故乡东海来，"欲从延年腊"，过完腊日正日，才回东海；东汉名臣第五伦就没有严延年那样的天伦之乐，其母老迈不能到官署过腊日，第五伦"至腊日，常悲恋垂涕"。

汉代腊祭，重视祭祖礼仪，百姓腊祭的对象由百神变为先祖。祭祖之俗始于原始社会红山文化后期，当时对有功于创业，或造福于氏族的领袖进行祭祀。到了文明时代，尤其是西周，周公制礼，确立敬天尊祖的观念，从此人人崇拜祖先，祭祖成为节日重要礼仪，腊日祭祖是节日文化中不可缺少的礼仪。西汉经学家、目录学家刘向在宣传礼教的《列女传》中记述了一位寡母“腊日休家作”，在自家的“岁祀礼事”结束后，又赶到娘家，因为娘家人“多幼稚，岁时礼不理”，她回家的目的是要帮助家人行祭祀祖先之礼。可见，腊日祭祀是当时家庭普遍的节俗项目。即使是贫困的人，腊日亦要设法祭祀先人。《艺文类聚》卷五中记录了东汉一奴为腊日祭祀祖先而偷窃食品的事件：“腊日，奴窃食祭其先人。”此奴重礼，为祭祖而为，也为时人所称道。

秦汉时代，农耕文化日盛，猪、羊驯养发达，人们以猪、羊祀神祭祖，腊祭代替蜡祭。腊祭所在月份称腊月。羊豕之祭在周代是士人之礼，秦汉以后为一般庶民所用，其中腊日用羊成为汉代腊祭的特色。汉宣帝时阴子方以羊祭灶，腊日用羊大概与先秦告朔用羊有关，在孔子看来，羊是告朔之礼所必需的祭品。汉代腊日用羊，则是一种习惯，源于古代社会的求吉心理。西汉民间“岁时伏腊，烹羊炰羔”。《说文解字》曰：“羊，祥也。”“羊”“阳”音同，羊代表阴阳之阳，也是吉祥之祥。东汉建武年间，每到腊日，皇帝就下诏赐羊给各位博士，有一位名甄宇的博士为了解决分羊时大小肥瘦不均的矛盾，主动择取瘦羊，被称誉为“瘦羊甄博士”。

二、逐疫

腊日还有一个重要节俗就是送寒逐疫。腊日处在年度周期新旧更替的时段，专门记叙每年农历十二个月时令的《礼记·月令》记载：腊月“是月也，日穷于次，月穷于纪，星回于天，数将几终。岁且更始”。古代腊日迎接新年的重要习俗是村民戴着假面具，击腊鼓，驱逐鬼疫，时称“逐疫”。这一习俗在战国时代已出现，《吕氏春秋·季冬纪》注云：“今人腊岁前一日，击鼓驱疫，谓之逐除。”那时，古人惧怕疫病和鬼神，人们在去旧迎新之时，一面欢度佳节，一面击鼓驱疫病、除恶鬼。此俗到了魏晋南北朝时，依然沿袭。

古代腊日驱逐疫鬼的仪式，称驱傩仪式，其中有驱疫辟邪之神称方相氏。从西周到战国，驱傩逐疫之习盛行不衰。汉代驱逐疫鬼的仪式十分流行。东汉张衡《东京赋》云，每到年末要举行盛大的驱傩仪式，驱赶各种恶鬼。方相氏拿着兵器，巫觋拿着笤帚，小孩头戴红巾，身穿黑衣，手执桃弓和棘箭，向各处无目的发射。

逐除（选自《清乾隆三十九年（1774年）
沈宗骞设色人物图册页》）　嘉兴博物馆提供

腊日逐疫的法器是鼓，这是腊前驱傩与腊日庆祝中的特殊法器。汉魏岁时节日中用鼓主要在社腊两日，社腊祭是原始宗教祭祀年度周期的盛衰之祭，社鼓、腊鼓作为春冬的神鼓，在民众心目中有撼天动地的神威。鼓是对雷声的模拟，“鼓以动众”，《独断》记载“鼓鸣则起”，这是汉人对鼓乐的认识。腊月在音律上属大吕，阳在下阴在上，阳气受限，因此以鼓动之。腊鼓驱赶阴冷，召唤阳春。《周礼·春官》记载：“国祭蜡，则吹豳颂，击土鼓，以息老物。”时值冬末，阴气已成暮气，暮气不除，有害人生，因此以震天的腊鼓，感动天地，鼓舞人心。《后汉书·东夷列传》记载，东汉时东北的扶余国与高句丽为邻，方圆二千里，以圆栅为城，“以腊月祭天”，大会连日，饮食歌舞，名曰“迎鼓”。传承秦俗，“常用十月祭天，昼夜饮酒歌舞，名之为‘舞天’。又祠虎以为神”。三韩（马韩、辰韩、弁韩）同样重视腊日，《太平御览·时序部》记载，“三韩俗以腊日，家家祭祀，俗云：腊鼓鸣，春草生也”。可见鼓在腊日逐疫中的威力。

三、祭灶

腊日是祭百神之日，祭百神中祭灶神最引人注目。传说，灶神是玉皇大帝敕封的“九天东厨司命灶王府君”，主管各家灶火，可以将百姓生活信息直接汇报给玉皇大帝。显然，灶神是玉皇大帝在基层的代表。这一特殊身份，为社会各阶层所重视，民间称其为“灶王爷”。每逢祭灶日，家家都在灶间贴上灶君像，摆上酒肉、糖果、瓜枣等供品，犒赏灶神。秦汉时，腊日祭灶，魏晋南北朝仍传承这一习俗，《荆楚岁时记》记载，腊日人们用小猪、酒等祭祀灶神。之后，民间用纸马、饴糖在腊月二十三日（南方在二十四日）送灶神上天，谓之送灶，除夕迎回，谓之迎灶。

汉代腊日祭灶之俗，较早见于文献记载的是汉宣帝时的阴子方。据《后汉书·阴识传》记载，阴子方因孝行见到了灶神，便杀了一只黄羊祭祀灶神。此举受到灶神的护佑，他后来成为巨富，有田七百余顷，“舆马仆隶，比于邦君”，富甲一方。从此，阴氏世世代代受到了灶神的赐福，两汉之际，南阳美女阴丽华就是阴子方的孙女。东汉初，阴丽华被立为汉光武帝的第二个皇后，阴氏一家四

《灶君神》　开封市博物馆提供

人封侯，成为东汉初期显赫一时的贵族。就因为如此，后来人们争相效仿阴子方祭祀灶神。

从阴子方致富的故事中可以看出，灶神喜欢“受贿”，只因祭灶关乎家家户户的安稳和福气，千百年来，家家户户在灶头虔诚地祭祀灶神，希望灶神上天言好事。正如民间谚语所说：“腊日灶神上了天，一不求官，二不求穿，好事替我说，恶事替我瞒，让我家平平安安。”

祭灶需要鸡、鸭、鱼、肉、糖、水果等供品，可是在一些穷乡僻壤，老百姓生活艰难，买不起酒肉，只好求灶神开恩，在玉皇大帝面前多说好话，使其全家平安。有些地方还流传着《穷人祭灶歌》：“灶爷爷，灶娘娘，今晚祭灶没有糖，全家老少磕响头，穷人供品免了吧。”同为祭灶，心态各异，这是社会发展的自然形态。

四、腊八粥

腊月，处于年终农闲，人们可以去野外猎取野兽，用以敬祖、祀百神，祈福求寿，避灾迎祥，旨在取得来年丰收。汉魏，人们对腊日十分重视，皇帝要在这一天向近臣百官赐钱，称之为“腊赐”。吏民亦是举国同庆，狂欢宴饮。大约从南北朝伊始，以农历十二月八日为腊日。腊日是民间祭祖、祀百神的节日，随着佛教的传入，这一天又成了佛教的成道节，也称“成道会”，或“成道日”“佛成道日”。《荆楚岁时记》记载十二月八日为腊日，谚云：“腊鼓鸣，春草生。”村人并击细腰鼓，戴胡头，作金刚力士以逐疫。

值得注意的是，这里出现了金刚力士。金刚力士，简称“金刚”，即手执金刚杵（古印度武器）守护佛法的两大天神，民间俗称为哼哈二将。其造像安于寺院山门左右，左称密迹金刚，右称那罗延金刚，塑像多裸出上半身，缠衣裳于腰部，怒目作勇猛之相。腊日本是人们祭祖、祭神活动日，这时已有了佛教的渗入，金刚力士逐渐演化为哼哈二将，成了村民的保护神。

腊八节的由来，与释迦牟尼有关。释迦牟尼成佛前，痛感人生苦恼，遍游名山大川，寻求人生的真谛。一次他走到人烟稀少的印度比哈尔邦的尼连河附近，因饥饿劳累晕倒在地，正好被一位牧羊女看见，她急忙将释迦牟尼扶起，并把自己带来的用各种杂粮做成的混合饭喂给他吃，释迦牟尼吃了牧羊女的饭，渐渐恢复了元气。他先到尼连河洗了个澡，然后端坐在菩提树下沉思，于十二月八日悟道成佛。佛教传入中土后，为了纪念释迦牟尼的成佛和牧羊女帮助他成佛的功绩，汉传佛教寺院以十二月八日为佛成道节，并在这一天煮腊八粥供佛。腊日文化原生态习俗中，注入了异域新风，形成多元化的腊日文化。腊八粥作为腊日时令食品，始于何时，迄今尚无定论，但腊日食腊八粥之风，勃兴于北宋都城开封，有文献为证。宋孟元老《东京梦华录注》卷十记载，北宋十二月八日，“诸大寺作浴佛会，并送七宝五味粥与门徒，谓之‘腊八粥’。都人是日，各家亦以果子杂料煮粥而食也”。这里的七宝五味粥是用乳蕈、核桃仁、栗子等食材煮制供佛。北宋寺院、民间都有腊八食粥的习惯。南宋，腊日亦称“君王腊”，寺院称十二月八日为“腊八”，寺院制作的五味粥，名为腊八粥。

由于腊八粥是佛寺熬制用以供佛，故又称“佛粥”。南宋诗人陆游《十二月八日步至西村》诗云：“腊月风和意已春，时因散策过吾邻。草烟漠漠柴门里，牛迹重重野水滨。多病所须唯药物，差科未动是闲人。今朝佛粥更相馈，更觉江村节物新。”

牧女献糜　莫高窟第61窟北壁下部（五代）　敦煌研究院提供

佛粥，也称僧粥，不仅供佛及僧道、施主，还可作为礼物互相赠送。腊日食腊八粥之俗到了明清时期，更为流行。每逢腊八节，寺院、宫廷、民间几乎到处煮粥，大街小巷飘浮着诱人的粥香。但腊八日以食佛粥为上。清代煮腊八粥最有名的是北京雍和宫。雍和宫原为雍正即位前的藩邸，是清代皇家寺院，寺内有两口大锅，据说每口锅可熬数石米。腊八日雍和宫熬粥已成定制，且派大臣监视，以供御膳。据说一进入腊月，清廷的宫车就忙着往寺内送煮腊八粥的各种原料及柴草，每次煮腊八粥，就要用掉小米十二石，杂粮、干果各一百斤，干柴一万斤。先后要煮六锅，第一锅供佛，第二锅送入宫中，第三锅赏王公贵族和大喇嘛，第四锅赏文武百官，第五锅赏雍和宫内僧众，第六锅加上前五锅剩下的，布施给前来助兴的游人以及附近的饥民。腊八节在清代，可以说是民间最热闹的节日之一。

清李福有一首《腊八粥》诗，描述了腊八日僧寺舍粥、饥民潮涌的场面：

腊月八日粥，传自梵王国。
七宝美调和，五味香糁入。
用以供伊蒲，藉以作功德。
僧尼多好事，踵事增华饰。
此风未汰除，歉岁尚沿袭。
今晨或馈遗，啜之不能食。
吾家住城南，饥民两寺集。
男女叫号喧，老少街衢塞。
失足命须臾，当风肤迸裂。
怯者蒙面走，一路吞声泣。
问尔泣何为，答言我无得。

（录自萧放《春节》，生活 · 读书 · 新知三联书店，2009 年版，第 58—59 页）

此时清王朝已处于内外交困、气息奄奄的境地了，在饥民众多的年代，腊八施粥真应了“僧多粥少”的俗谚。当知天下苍生，求的不是一朝一夕的饮食救济，而是长久的衣食保障。

道光帝时，民间有《腊八粥》诗云：

一阳初复中大吕，谷粟为粥和豆煮。
应节献佛矢心虔，默祝金光济众普。
盈几馨香细细浮，堆盘果蔬纷纷聚。
共尝佳品达妙门，妙门色相传莲炬。
童稚饱腹庆升平，还向街头击腊鼓。

（录自李家瑞《北平风俗类征上下两册（影印本）·岁时》，上海文艺出版社，第 110 页）

当时民间腊八粥以谷粟为主，富贵之家除谷粟之外尚有百合、桂圆、红枣、花生、莲子等吉祥食材为原料。这些腊八粥的食料其实都有民俗寓意，百合象征百事和睦，桂圆象征富贵团圆，红枣、花生比喻早生贵子，莲子象征恩爱连心，核桃表示和和美美，橘脯、栗子象征大吉大利，等等。人们以此期盼未来美好的生活。

腊八节的习俗一直延续到今天，虽然大多数人已不知腊八粥的来历，腊八粥也完全失去了它作为宗教节日食品的意义，但到了腊八那一天，寺院依然煮粥供佛，人们也还是忘不了煮上一锅香喷喷的腊八粥合家共享。

腊八日煮腊八粥，品尝节日美食，不是迷信，是传统民俗。

祭灶，年节开幕

第三节

有学者认为，春节一般是从祭灶揭开序幕的。祭灶是我国一项流传久远的年节习俗。追寻灶神的原型、祭祀的时间、祭灶信仰失落的原因，这些都是民俗界经常探索的热门话题。

一、灶神原型

灶神亦称“灶君”“司命菩萨”，民间称“灶王”，是玉皇大帝敕封的“九天东厨司命灶王府君”。远在夏代已有祭灶之俗，百姓已立灶祭祀。春秋时期，卫大夫王孙贾有“媚奥媚灶”之问，战国时期已有“梦见灶君”一说。到了唐代，灶神由君而王。灶神是谁？何名何姓？自古迄今，众说纷纭。因灶君在原始资料里所记既琐碎，又比较隐晦，探寻灶神名号、原始形象队列又长，须求之于史书注释，或者类书征引的佚亡古书，或古书的佚文，现择其有影响者略述于下。

其一是老妇。《风俗通义 · 祀典》记载，《礼记 · 礼器》指责臧文仲违礼，“臧文仲安知礼？燔柴于灶，灶者，老妇之祭也”。臧文仲是男子，祭灶不合礼俗，故孔子贬斥。《庄子 · 达生》云：“灶有髻。”晋人司马彪注：“髻，灶神，著赤衣，状如美女。”显然，先秦时代，灶神有髻，且穿着红衣，状如美女。由此可见，灶神开始出现在先秦文献史料时，地位不显赫，具有女性化倾向。

其二是炎帝。《淮南子 · 泛论训》记载：“炎帝作火，而死为灶。”高诱注：“炎帝，神农，以火德王天下，死托祀于灶神。”在汉人的历史记忆中，灶神的形象很高大，成了民族先祖的化身。

其三是火神祝融。《风俗通义 · 祀典》引《周礼》记载：“颛顼氏有子曰黎，为祝融，祀以为灶神。”祝融，为高辛氏火正，后人尊为火神、灶神。

其四是方士宋无忌。宋无忌，亦作宋毋忌。《史记·封禅书》记载：“（始皇时）宋毋忌、正伯侨、充尚、羡门高最后皆燕人，为方仙道，形解销化，依于鬼神之事。”《老子戒经》云：“月中仙人宋无忌。”《白泽图》云：“火之精曰宋无忌。盖其人火仙也。”宋无忌为燕国方士，道家附会说成“月中仙人”或“火之精”。《三国志·魏书·管辂传》记载：“（安平太守王基）有贱妇人，生一男儿，坠地便走入灶中死。……辂曰：‘直宋无忌之妖将其入灶也。’”三国时，善卜筮的管辂认为宋无忌为灶神。

其五是庶民苏吉利。东汉许慎《五经异义》云，灶神姓苏，名吉利，或云姓张，名单，字子郭，其妇姓王，名抟颊。许慎为东汉著名的文字学家、经学大师，博通经籍。从许慎的著作中，可以看出在东汉人视野里，灶君苏吉利是一个庶民，生活方式和一般平民一样，有温馨的家室，夫妇两人齐心协力呵护民间的灶台，颇有亲民的意味。

应补充的是，学界对苏吉利的认识，也有不同的观点。神话专家袁珂在《中国神话传说词典·灶神》中，提出苏吉利当又为宋无忌之讹变。吉、忌之音俱近髻（蛣），即《庄子·达生》所谓“灶有髻（蛣）”也。此说令人耳目一新，启迪后学。

其六是美男张。唐人段成式《酉阳杂俎·诺皋记》记载：“灶神姓张，名单，字子郭。”又记载：“灶神名隗，状如美女……夫人字卿忌，有六女，皆名察洽。”历史进入唐代，灶神由老妇，变为姓张的美男子。灶神姓张一说，初见于《五经异义》，《酉阳杂俎》只是因袭而已。此说在民间长期流传，影响大，所以有民谣说：“灶王爷本姓张，一碗凉水三炷香。”

灶神由老妇形象变为美男子，日益世俗化，成为玉皇大帝督察民间的耳目，之后操一家祸福财气，并随时记录人的功过，成为一年一度上禀玉皇大帝的神。

二、祭灶时间

灶神为古代五祀之一，“五祀”为古代祭祀的五种神祇，具体哪五种说法不一，此处采用门、户、井、灶、中霤之说。祭灶之俗由来已久，祭灶的时间因时代不同而相去甚远。

（一）先秦时期祭灶

先秦时期，夏季行祭灶。夏季旺相属火，火神是夏之主神，灶与火关系密切，所以先秦岁时祭仪中，夏季主祀灶神。《吕氏春秋·孟夏纪》云："孟夏之月……其祀灶，祭先肺。"《礼记·礼器》孔氏正义云："灶之神，常祀在夏。"东汉班固《白虎通义·五祀》云："夏祭灶。灶者，火之主，人所以自养也。夏亦火王，长养万物。"这三处所记录的都是夏祭灶，应是先秦时期民俗。夏季何时祭灶，上引古文献未提及。《后汉书·礼仪志》记载："立夏之日，夜漏未尽五刻，京都百官皆衣赤，至季夏衣黄，郊。其礼：祠特，祭灶。"立夏之日，即农历五月初六、初七日，为二十四节气之一，在迎夏于南郊之时，祭祀灶神。文武百官身着艳服，隆重地作郊庙之祭。显然，农历五月初六、初七是夏祭灶之日。清代苏州一带，夏祭灶的时间在六月四日及二十四日。云南彝族六月二十四日火把节前举行祭灶礼，也许这是古代夏祭灶之遗风。

（二）汉至六朝腊日祭灶

腊日是古代岁终祭百神之日。在汉代之前，各朝代因历法不同，腊月、腊日的时间不确定。夏代历法建寅，以孟春之月（今农历正月）为岁首，腊月在十二月；商代以季冬之月（今农历十二月）为岁首，腊月在十一月；西周时行《豳历》，岁首即今农历十一月，腊月则在十月，时称孟冬之月。秦行《颛顼历》，以建亥之月（今农历十月）为岁首，腊月在今九月。汉初沿用秦制，汉武帝时作《太初历》，以夏历的孟春之月为岁首，腊月则在农历的十二月，后世遂以十二月为腊月。十二月八日为腊日，这一习俗至今沿用两千多年。

汉代祭灶之俗自上而下已蔚然成风。《汉书·武帝纪》记载，汉武帝时方士李少君有祭灶求福、种谷得金之道，在方士的鼓动下，汉武帝也曾"亲祀灶神"，求成仙。他们何时祭灶，没有交代。腊日祭灶之俗在《后汉书·阴识传》有详细记录："宣帝时，阴子方者，至孝有仁恩，腊日晨炊而灶神形见，子方再拜受庆。家有黄羊，因以祀之。自是已后，暴至巨富，田有七百余顷，舆马仆隶，比于邦君。……故后常以腊日祀灶，而荐黄羊焉。"汉宣帝时已推行《太初历》，这里的腊日应是十二月八日。阴子方十二月初八以黄羊（黄犬）祭灶，应是汉代祭灶之俗。所以许慎在《五经异义》记录了这一习俗后还说："俗人竟尚，以此故也。"汉代人腊日祭灶之俗，传承至南北朝。南朝梁人宗懔在《荆楚岁时记》中记载："其日（腊日）并以豚酒祭灶神。"即十二月八日，人们用小猪、酒祭灶神。可见，自汉至南北朝皆以腊日祭灶。

（三）交年祭灶

自唐宋起，人们以腊月二十四为"交年"，亦称"交年节"，意指新年与旧年在这一天交替，正是祭灶之时。《东京梦华录注·十二月》云："二十四日交年，都人至夜请僧道看经，备酒果送神，烧合家替代钱纸，帖灶马于灶上。以酒糟涂抹灶门，谓之'醉司命'。夜于床底点灯，谓之'照虚耗'。"

南宋诗人范成大《祭灶词》对当时祭灶习俗有细致的描绘：

古传腊月二十四，灶君朝天欲言事。
云车风马小留连，家有杯盘丰典祀：
猪头烂熟双鱼鲜，豆沙甘松粉饵团。
男儿酌献女儿避，酹酒烧钱灶君喜。
婢子斗争君莫闻，猫犬触秽君莫嗔。
送君醉饱登天门，杓长杓短勿复云，
乞取利市归来分！

（录自萧放《春节》，生活·读书·新知三联书店，2009年版，第69页）

范氏以诙谐笔调为我们勾画了一幅饶有趣味的江南祭灶图，宋人以这种请吃请喝、"送红包"的形式贿赂灶神，让他醉饱上天，不要议论人间长短，最好还带些年礼回来。

腊月二十四日亦称"小岁"或"小年"。文天祥有《小年》诗云："燕朔逢穷腊，江南拜小年。"南宋小年依然祭灶。宋吴自牧《梦粱录·十二月》曰："二十四日，不以穷富，皆备蔬食饧豆祀灶。此日市间及街坊叫买五色米食、花果、胶牙饧、箕豆，叫声鼎沸。"可见，二十四日小年，祭灶之仪，热闹非凡。

《绘高宗御题范成大祭灶词轴》清·周鲲　汇图网提供

元、明、清时，北方以腊月二十三为小年而祭灶，南方因袭古俗是腊月二十四。据《金陵岁时记》记载："明时，……祀灶以二十三夜，而庶民则以二十四夜至龟五之说。"清潘荣陛《帝京岁时纪胜·祀灶》记载："廿三日更尽时，家家祀灶，院内立杆，悬挂天灯。祭品则羹汤灶饭、糖瓜糖饼，饲神马以香糟炒豆水盂。"北平俗曲云："腊月二十三，呀呀哟，家家祭灶，送神上天，祭的是人间善恶言……一不求富贵，二不求吃穿，好事儿替我多说，恶事儿替我隐瞒。"

腊月二十三或二十四祭灶，是中华民族的传统习俗。

三、灶神信仰的衰变

灶神的职司，远在汉代已有记载。汉武帝时，淮南王刘安招致宾客方术之士数千人编纂的《淮南万毕术》记载："灶神晦日归天，白人罪。"这是有关灶神职司的最早文献资料，灶神归天的时间是腊月二十三或二十四。从这段文字可知，远在汉武帝时期，灶神已以"白人罪"为业，督察人间善恶，各家家长里短，灶神一清二楚。东晋葛洪《抱朴子内篇·微旨》云："月晦之夜，灶神亦上天白人罪状。大者夺纪，纪者，三百日也。小者夺算，算者，三日也。"《酉阳杂俎·诺皋记》也有类似记载。这就是说，灶神在民间专门监视人间过错，一旦发现人有什么过错，便于每月的最后一天上天向天帝汇报，天帝根据罪之大小处分。罪大者减寿三百天，罪小者减寿三天。灶神可以执掌人的寿夭祸福，权力越来越大了。到了唐代，灶神由君而王。唐李廓《镜听词》云："匣中取镜辞灶王，罗衣掩尽明月光。"诗人取镜祀灶王之事，不仅仅是称呼的变化，还是灶神职司扩大、地位日隆的体现。可以说从汉唐到明清，祭灶之俗进入黄金时代，每逢小年，千家万户祭灶，灶神成为家喻户晓、人人敬畏之神。

祭灶习俗是颇具社会性的文化事象。旧时，城乡间家家都有灶神的牌位，往往置于灶房的东面，灶神像贴在灶台与案板之间的上方。每到小年，主人把旧年的灶王神像取下来，祭灶时烧掉，称"送灶"。到了除夕，贴上新灶神，称"迎灶"。迎灶后，便开始欢度新年了。

当我们追寻古代祭灶之俗时，也应看到祭灶习俗的衰变，信众急剧减少，祭灶的盛宴已成为历史，这一习俗仅留在城市报刊中，留在学者著作中，留在中老年人的记忆中，成为茶余饭后的谈资。“90后”“00后”的年轻人，对祭灶习俗越来越陌生，甚至不知灶神为何物。

一些人虽保留祭灶之俗，但崇拜之情也淡化了许多，今后祭灶之俗仍会继续弱化，逐渐成为一个具有社会性日趋下行的文化符号。这既不是世态炎凉，也不是文化悲剧，亦没有政府号召、地方官员命令，只是社会发展引发了民俗信仰变化的结果。

时代在前进，社会在发展，时空环境在变化，民俗信仰不断更新，古老的祭灶之俗，岂能安如泰山？节日风俗文化因地而异，也因时而别，不同的时代，有不同的节俗。人类社会生活不断更新，节日习俗也会随时代脉搏或兴或衰，这是不以人的意志为转移的社会现象。

第二章

汉长安，年节发祥地

历史对长安这块黄土地格外厚爱，让她吸纳并繁衍了无限的辉煌，周、秦、汉、唐在这里建都，又滋养了延绵不绝的节日文化。在中国历史上，每逢年节，上至帝王宫廷，下至荒村鄙野，都要进行庆祝。在人们的吃喝、穿戴、娱乐、居住、用品等各个方面都有体现，每一朵生活的浪花，无不浸透着节日欢庆的气氛。

除夕，一夜连双岁

第一节

一、桃符驱邪迎新年

除夕是一年最后一天，为“月穷岁尽之日”，所以又叫岁除。在年节中，除夕是去旧迎新的时候。人们在年终到来时一面欢度佳节、喜庆丰年，一面驱疠疫、除恶鬼。所以把这一夜称为除夕。

汉代除夕，首先是削桃梗，刻成神荼、郁垒的形象，立于门户，以驱邪，时称“桃符”。

汉代以为鬼在天地之间，时来时往，与人杂处，飘忽不定，属于“凶恶之类”。在人们重病垂危之际，或临死之时，常常有见到鬼的幻觉。据东汉王充《论衡·订鬼》记载，当时人们认为“凶祸之家，或见蜚尸，或见走凶，或见人形，三者皆鬼也。或谓之鬼，或谓之凶，或谓之魅，或谓之魑”。凶鬼魅魑的概念早在国人的心中形成，在无法抵御灾难、不能科学解释某些自然现象时，就认为是鬼在作祟。在除夕之际，首要之事就是防鬼进家，于是便削桃木梗制成神荼、郁垒的形象，立于门户。中国门神雏形就这样产生了。

汉人为什么要立神荼、郁垒的形象呢？据《风俗通义·祀典》引《黄帝书》记载，上古之时，有神仙兄弟二人，一名神荼，一名郁垒，居住于风景秀丽的度朔山下，他们把祸害人间的恶鬼都用苇索捆缚起来，让老虎吃掉。这个传说当时广泛流传于民间。《论衡·订鬼》引《山海经》记载，海中有度朔之山，上有大桃树，枝叶茂盛，盘根错节，树冠盘曲覆盖达三千余里，在树枝东北有鬼门，是万鬼出入的必经之门户，神荼、郁垒居其门，见到害人之鬼，就用苇索捆缚，令虎吃掉。因此汉人每到除夕，便削桃木成神荼、郁垒二人形象立于门户“以御凶魅”。同时，在门上悬苇索供神荼、郁垒二门神作缚鬼喂虎之用，称之为“悬苇”。张衡在《东京赋》中写道：“度朔作梗，守以郁垒、神荼副焉，对操索苇。”

魏晋南北朝以后，可能因为刻木为人形太麻烦，人们干脆削一块桃木板写上神荼、郁垒二人的名字，将其挂在门上，称之为“仙木”或“桃符”。桃符各代发展没有一定的形制。宋陈元靓《岁时广记》引《皇朝岁时杂记》记载，桃符之形制，以长二三尺、宽四五寸的薄木板制成，上画神像狻猊、白泽之类，下书左郁垒、右神荼，或写春词，或写祝祷之语。当然，这种桃符已是宋代以后的事了。宋王安石《元日》诗云：“爆竹声中一岁除，春风送暖入屠苏。千门万户曈曈日，总把新桃换旧符。”这里的“新桃换旧符”，即春节时家家户户都用新桃符换掉旧桃符，有了桃符，就能辟鬼祛邪了。此时，桃符承载着门神（避恶）、年画（求祥瑞）和春联（贺新春）的三重功能。

汉代春节除驱邪、挂桃符外，还饮桃汤。桃汤取桃叶、枝、茎三者煮沸的水而成。《荆楚岁时记》记载，正月初一日“长幼悉正衣冠，以次拜贺。进椒柏酒，饮桃汤”。《太平御览·时序部》卷二十九记载：“元日服桃汤，桃者五服之精，厌伏邪气，制百鬼。今人进屠苏酒、胶牙饧，盖其遗事也。”节日饮桃汤之俗，历史久远。春节以饮桃汤来辟邪求福。《汉书·王莽传》记载：“又感汉高庙神灵，遣虎贲武士入高庙，……桃汤赭鞭鞭洒屋壁。”王莽是西汉末的著名政治家代表，代汉建立新莽政权，亦相信桃汤能使鬼灵害怕，所以代汉后，忙派武士用桃汤遍洒高祖庙宇的四壁。显然，汉人对桃木驱邪的观念深信不疑。

汉代春节习俗之一，以桃木或金玉为材料，于正月卯日刻成印，上刻“庶疫刚瘅，莫我敢当”等字样，作为避邪的饰物挂在身上。如果以桃木为料，叫“桃印”或“桃卯”；如果以金玉为料，叫“刚卯”，《汉书·王莽传》便有 “正月刚卯” 的记载。以桃印或刚卯驱邪之俗，端午时节也用来除恶，《后汉书·礼仪志》记载：“仲夏之月，万物方盛，日夏至，阴气萌作……以桃印长六寸，方三寸，五色书文如法，以施门户。”这是端午节时挂桃印避邪之法。也有人以刚卯驱邪，元方回《五月初三日雨寒痰嗽》诗云：“佩符岂有玉刚卯，挑药久无金错刀。”可见以桃印或刚卯驱邪之俗，影响久远。

汉人用桃木雕刻成的木偶，叫“桃梗”，以此驱邪。倘若溯源，此俗远在战国时代流行神仙说的齐国已有文献记载。《战国策·齐三》记载：“今者臣来，过于淄上，有土偶人与桃梗相与语。”到了魏晋，佛教传播遍及郡县，寺院林立，每逢过年，以桃梗挂于宫门或百寺门，为宫廷和寺院驱邪。《晋书·礼志》记载：“岁旦常设苇茭桃梗，磔鸡于宫及百寺之门，以禳恶气。”佛教入中土后入乡随俗，且皈依佛门为僧的多为汉人，自然传承汉俗，所以寺院仍以桃梗为驱邪之物。

古人相信桃木是“五木之精”“五行之精”，桃符、桃汤、桃印可以驱鬼除邪，连桃枝也具有神奇的力量。用桃枝洗澡可以驱邪，树枝上溢出的桃胶可以入药。葛洪把桃胶列入仙药，他在《抱朴子内篇·仙药》中说：“桃胶以桑灰汁渍，服之百病愈。”唐代诗人李贺《南园十三首》之三云：“桃胶迎夏香琥珀，自课越佣能种瓜。”那时用桃枝编的扫帚叫“桃茢”，其也是了不得的驱邪物。《礼记·檀弓》记载：“君临臣丧，以巫祝桃茢执戈，（鬼）恶之也。”桃茢具有驱鬼避邪的神力，不仅在治丧时能发挥作用，用桃茢扫除庭院还可扫除不祥。《左传》记载，襄公二十九年（前544年）“鲁襄公朝楚，令楚康王座，楚人使公亲襚，公患之。叔孙穆曰：‘祓殡而襚，则布币也。’乃使巫以桃茢先祓殡。楚人不禁，既而悔之”。这段话是说：鲁襄公到楚国去访问，不幸遇上楚康王逝世，楚人要鲁君亲自给亡者送襚衣。鲁君正在两难之际，叔孙穆给襄公建议，先让巫祝用桃茢致丧，就等于君临臣丧，就不是失礼受辱了。襄公采纳了这个建议，楚人也没有禁止，不久后悔莫及。桃茢在这场两国社交活动中发挥了重要作用。古人相信桃枝编的笤帚有神力，桃木做弓、棘枝做箭，也可除灾，成语中有“桃弧棘矢”一词，其源头在《左传》。《左传》记载：“昭藏之也，黑特矩黍，以享司寒；其也之也，桃弧棘矢，以除其灾。”这是说：古人在冬天把冰块藏在深山大谷的冰窖里，藏冰时用黑色的雄性牲畜和黑黍祭司寒之神；而取冰时，要用桃木做弓、棘做的箭举办除灾仪式。

桃符、桃印、桃梗、桃枝在古人眼中都具有一定神力，在传说中，桃树结的桃子是仙家之果，即仙桃，就更具有神奇的力量了。明吴承恩《西游记》中孙悟空吃蟠桃的故事家喻户晓，妇孺皆知。神话、小说、戏剧中，吃蟠桃可以长寿也是常见故事。据袁珂《中国神话传说词典》，蟠桃一词，见之于文献最早，当推《论衡·订鬼》引《山海经》记载：“沧海之中，有度朔之山，上有大桃木，其屈蟠三千里。”蟠桃一名由此而出。至其与西王母有关系，则见于《汉武故事》《汉武帝内传》等书。《汉武帝内传》记载：“七月七日，西王母降，以仙桃四颗与帝。帝食，辄收其核，欲种之。母曰：‘此桃三千年一生实，中夏地薄，种之不生。'帝乃止。"此后，好事者传，遂在王母蟠桃上大做文章。后唐冯贽《云仙杂记》中也提及西王母与蟠桃事。明王世贞《宛委余编》记载："洪武时，出元代内库所藏蟠桃核，长五寸，广四寸七分，上刻'西王母赐食武帝蟠桃于承华殿前'十四字。"元、明杂剧多有以蟠桃庆寿为题材者，如元无名氏《宴瑶池王母蟠桃会》，明朱有燉《群仙庆寿蟠桃会》。小说则有宋人《大唐三藏取经诗话》，书中已有蟠桃树和猴行者偷吃蟠桃的故事记叙。《西游记》影响最大，被列为中国四大名著之一，使蟠桃的故事家喻户晓。桃子是仙家之果，吃了桃子能延人寿命之说，一直到今天仍有流传。齐白石有关"寿桃"的画作，屡见于报刊；为老人祝寿的"寿桃"，亦成为市场上的香饽饽。

古人用桃木制品辟邪求福之俗，是古人自然崇拜、灵物崇拜的遗俗。上古初民，赤条条来到世上，一无所有。大自然创造了人类，就需要人类认识自然界本身。那时在先民面前，有日月变幻、电闪雷鸣，有瘟疫流行、禽兽啮人……这一切促使人类学会思考，如饥似渴地探索宇宙万物的奥秘，寻求各种自然现象的答案。为了生存，人类不断适应周围环境，幻想和祈求来自大自然的恩赐，崇拜与人类日常生活相关的日、月、星、山、河、风、雨、树木等。人们对树木的崇拜十分流行，古代汉族有此俗，云南傣族、景颇族、哈尼族及西藏珞巴族都有崇拜树木之风。这可能是人们对远古巢居的一种记忆。

二、吉祥年夜饭

春节是中华民族第一大节，也是了解民族文化、彰显民族智慧、传承民族精神的最佳载体。在这举国欢庆万家春之时，家人团聚，亲友相会，吃年夜饭必不可少。年夜饭，古代称分岁筵或别岁宴。那时，农历除夕守岁至半夜，叫分岁，意思是旧岁已尽，新年开始。宋范成大《腊月村田乐府十首并序》云："除夜祭其先竣事，长幼聚饮，祝颂而散，谓之分岁。"其八《分岁词》云："礼成废彻夜未艾，饮福之余即分岁。"蜀地又把年夜饭叫别岁宴。苏轼《守岁》云："岁晚相与馈问，为馈岁；酒食相邀，呼为别岁；至除夜达旦不眠，为守岁。蜀之风俗如是。"明清时，杭州人依然称年夜饭为分岁宴。明刘若愚《酌中志》记载，除夕，人们在祭祀祖先之后，家人群聚欢宴，祝颂而散，谓之分岁。关中风俗把年夜饭叫团圆饭，是春节饮食中的重中之重，年夜饭不仅要全家人同吃，而且要把逝去的亲人“请回”，敬在祖先牌位下。待祖先用过年夜饭之后，一家人方能聚餐。显然，年夜饭不仅仅是一家人的团圆聚会，更重要的是人神共享的盛宴。关中人在欢度年节时，不忘怀念先祖的传统美德，敬祖尊祖，祈福家庭和睦。依此，国人以礼仪之邦自誉，绝非空穴来风。

年夜饭有求吉祥之俗，千百年来，盛行不衰。远在西周，周人先祖公刘立国于豳（今咸阳彬州一带）时，逢年过节已有求吉祥之举。《诗经·豳风·七月》有“献羔祭韭”的记载。韭菜是中国土生土长的传统蔬菜。“韭”与“久”谐音，寓意生活平安久长。那时，韭菜是节日最新鲜的食材，也是祀神的祭品，因此，周人以韭祭神。秦人仍传承周人年夜饭祈福之俗。《风俗通义·佚文》记载，秦代，人们过年时一定要吃兔子的髌骨，谁吃到了，谁就吉祥。“膑”同“髌”，是古代剔除膝盖骨的酷刑。秦代习俗，过年吃了兔子髌骨，意味着人们在下年可免受膑刑之灾。

年夜饭有地域性，不同的地方有不同的讲究，其礼仪亦不尽相同。南方年夜饭首先必须有头尾完整的鱼，象征年年有余；要吃鸡肉，象征新年里大吉大利；要吃丸子，肉圆（丸）、鱼圆（丸）加家人团圆，合成“三圆”，象征着新年里全家老幼团团圆圆。有的地方吃年糕，有的地方吃竹笋或啃甘蔗，寓意生活节节高。由此看来，吃年夜饭，每吃一菜皆求吉祥，这是亿万人的习俗。

以西安为代表的关中地区，过年吃饺子十分讲究，包饺子、吃饺子不只是一种饮食活动，还是一种祈福求吉祥的仪式。关中大多数地区习惯把饺子包成半月形，这种形状在包制时，是把面皮对折后，用右手的拇指和食指沿半圆形边缘捏制而成，要捏细、捏匀、捏紧，使其皮薄、馅足，不露馅，谓之“捏福”。有的地方把捏成半月形的饺子两角对拉捏在一起，呈元宝形，摆在盖帘上，象征着财富遍地、金银满屋。还有的地方将饺子捏成麦穗形，像一个颗粒饱满、硕大无比的麦穗，象征着新的一年五谷丰登。但大多的地方是把饺子包成各种形状，预示着来年能财满屋、粮满仓，生活蒸蒸日上。包饺子时，可在饺子馅中放核桃、枣或钱币等。若吃到核桃，寓意新年里身体健康、吉祥如意；吃到枣，寓意新年里早生贵子、添丁添福；吃到钱币，寓意鸿运高照、招财纳福。

包好的饺子摆放也很有讲究，年三十的饺子不能乱放，俗话说：“千忙万忙，不让饺子乱行。”长安区、蓝田县人讲究把饺子一圈圈摆放，称为“圈福”。各地年节摆放饺子的民俗虽不同，但祈求吉祥的心情却一样。饺子煮好后，一盘盘端上饭桌，象征“新年发大财，元宝快进来”。

提及年夜饭，笔者不由想起家乡的过年旧俗。家乡在蓝田县三官庙镇韩岭村，这里沟壑纵横，交通闭塞，祖祖辈辈靠天吃饭。乡亲们辛苦耕耘，仅能温饱，一年四季以吃杂粮为主。县里人把家乡戏称为“黑馍岭”。十年寒窗，笔者走出了黑馍岭，但家乡的风土人情，记忆犹新。除夕之夜吃饺子，元旦清晨吃碱面。记得除夕夜，大约到了午夜子时（夜里零时），新年来临，全家人要吃一顿饺子，名叫“银子锞”，或称元宝，寓意新年里全家人招财纳福。那时，家乡贫穷，饺子馅是白萝卜和豆腐，没有吃肉的奢望。值得补叙的旧时乡俗是，除夕夜下灶房煮饺子者，不是家庭主妇，而是主持家事的男主人。煮饺子时为了祈福平安，要不动声色，不说话，不准用风箱，以免惊动灶神，只能用麦秆火煮饺子。饺子煮好了给祖先牌位点香献饺子，之后全家同食。但也不能放开肚皮吃，一人只能吃几个。吃过饺子，男主人可以出门放炮，迎接新年。次日清晨，吃碱面，寓意新年里好日子天长地久。尽管家乡贫穷，但在除夕与新年交替之时，人们也要团团圆圆吃饺子，辞旧迎新。此时，饺子文化不可小看，它是分岁的见证者，是时间变化的象征物，也许还是汉唐遗风。雄冠一时的汉唐时代已远离我们而去，但民风民俗像无形的网，即便在僻远的乡村也依然传承不已。

包饺子、煮饺子、吃饺子，还有许多语言禁忌，不能说“死”“穷”“鬼”“背”“败”“露”“破”“烂”“完”等“不吉利”之词。长安区、蓝田县等地的农村，春节包饺子要包严包紧，不能破皮露馅，否则就是财源外流，这是一忌。饺子煮烂了，既不能说“烂了”也不能说“破了”，只能说“挣了”。饭后，不能说“吃完了”“吃毕了”，只能说“吃好了”“吃饱了”，或者说“咥美了”。吃饭时，倘若幼童贪玩，不慎将碗掉地上打碎，大人会马上说“岁岁（碎碎）平安”，以求新年吉祥。节日亲友相聚要处处讲好话、吉利话，这一习俗，乡村如此，城市也不例外。无论是达官显贵，还是寻常百姓，都要遵守这一习俗。

年夜饭是新年前夕除旧迎新、换年添岁、亲人相聚的最丰盛的晚餐。千百年来，年复一年，年夜饭成为国人敞开胸怀、拥抱亲情、挥洒激情的最佳载体，又是华夏儿女最隆重、最丰厚、最显亲情的晚宴，它给中华民族的节日文化之树挂满了色彩缤纷的花朵。

三、守岁祈如愿

守岁是除夕之夜最重要的年俗了。

除夕又称“除夜”“除日”“岁尽”“岁除”“暮岁”，是农历年的最后一晚，民间又叫“三十晚上”。是日晚，祭祖、年夜饭之后，各家灯火通明、闭门守岁。旧时北方习俗，全家人围坐热炕上或火炉旁，谈天说地、聊聊家常，倾诉一年来想家思亲、期盼团圆之情，通宵不眠，一直聊到五更天明，迎接新年的到来，称之“守岁”。

守岁之俗，历史久远，已近两千年。西晋时，已有守岁之俗。

那时，最受人们重视的是除夕“守岁”。据晋代周处《风土记》记载，蜀地年俗，年末，亲友间相互馈送礼物，叫“馈岁”；相互宴请，叫“别岁”；除夕达旦不眠，谓之“守岁”。这天晚上，全家欢聚一堂，围炉而坐，叙旧话新，畅谈美好的愿望，寄希望于新的一年，通宵不眠。

除夕夜是全家团圆之夜，辞旧迎新，一夜两年。在历史上甚至连犯人也被放回家与家人团聚过年。如《晋书·曹摅传》记载，曹摅当临淄县令时，除夕到死囚牢视察，忽然起了怜悯之心，对囚犯说：“你们不幸沦落到囚犯的地步，新年怎样过是人情所重，难道你们不想回家看看吗？”囚犯齐落泪请求：“若能暂归，死无恨也！”曹摅就下令开狱放他们回家过年，节后限时回狱。这些囚犯对曹摅十分感激，虽无人监管，但出狱过完年后，他们又自动回到狱中。类似的记载颇多，如东晋常璩《华阳国志》记载，王长文为江原县令时，也曾放囚犯回家过年，年后囚犯全部自动回狱中。《南史·谢方明传》记载，谢方明为晋陵太守时，到岁终，谢方明将江陵县狱中囚犯“事无轻重，悉放归家”，无一逃者。这些记录体现了统治阶级的宽仁厚德，也说明了当时人们多么重视守岁、合家团圆的风俗习惯。

南北朝时，除夕节俗围绕守岁这一主题展开。此时，守岁又称“宿岁”。《荆楚岁时记》记载：“岁暮，家家具肴蔌，诣宿岁之位，以迎新年。”这里“肴”为鱼肉之类荤菜，“蔌”即蔬菜，“宿岁”即守岁。隋唐时，天下一统，守岁成为全国共同年俗。夜幕降落，除夕守岁，点燃灯火，通宵不灭，庭院中燃火驱鬼除疫，守岁祈福，时称“燎火”。

燎火之俗源于西周，叫“庭燎”。《诗经·小雅·庭燎》云：“夜如何其？夜未央，庭燎之光。”西周设司烜氏，掌国中火禁。《周礼·秋官·司烜氏》记载：“凡邦之大事，共坟烛庭燎。中春，以木铎修火禁于国中。”郑玄注曰：“坟，大也。树于门外曰大烛，于门内曰庭燎。”“庭燎”“燎火”之举，随社会变迁，王朝更移，成为除夕守岁的重要年俗活动。此俗为后世广泛流传，明清时期，点燃松柏或杂柴烧于庭院中，美其名曰“烧松盆”。杭州烧松盆最流行，架起齐屋高的松柴，举火焚之，烟焰烛灭、红光万道，成除夕一大奇观。苏州除夕夜在门首架松柴，呈“井”字形，齐屋高，举火就烧，以火焰高为吉。产煤的陕北、晋北地区，以煤炭为燃料的叫“烧炭火”。有些地方以秸秆或木炭、或松柏为燃料，焚烧称“照庭”或“烘岁”“暖岁”。近代，人们于猪圈、牛棚、马厩驱鬼祓除痼疾。

祈穀（谷）（选自《清乾隆三十九年沈宗骞设色人物图册页》） 嘉兴博物馆提供

古代帝王家天下，宫廷除夕以燎火守岁，燃檀香，生篝火，大摆酒宴，极尽豪华奢侈。据《太平广记》记载，隋唐宫廷燎火兴旺。隋炀帝时，每当除夕夜，皇宫用沉香、檀木架篝火，设火山数十座，每一座火山烧数十车沉香木，常常一夜就要烧去这种珍贵木料两百多车，烧油两百石，燃烧时火焰冲天，高达十余丈，香闻数十里。唐代也是如此。岁除之日，太常领属官乐吏并护童子千人入内宫，晚上于寝殿前进傩舞，同时燃巨烛、燎沉檀，荧煌如昼，皇帝、妃嫔等都来观看。上行下效，地方也大兴燎火守岁之俗。诗人张说《岳州守岁》诗云：

除夜清樽满，寒庭燎火多。
舞衣连臂拂，醉坐合声歌。
至乐都忘我，冥心自委和。
此年今已度，来岁知如何？

（录自蒲积中《古今岁时杂咏·除夜》，辽宁教育出版社，1998 年版，第 463 页）

唐代宫中守岁还大摆宴席，侍臣应制作诗，歌舞升平。唐太宗就曾作《守岁》诗，描绘除夕夜的宫廷生活。诗云：

暮景斜芳殿，年华丽绮宫。
寒辞去冬雪，暖带入春风。
阶馥舒梅素，盘花卷烛红。
共欢新故岁，迎送一宵中。

（录自蒲积中《古今岁时杂咏·除夜》，辽宁教育出版社，1998 年版，第 461 页）

在那豪华绮丽的宫殿里，年终岁寒，冬雪消融，暖洋洋的宫闱里似乎吹进了和煦的春风，阶下花坛的梅花也吐蕊盛开，清香沁人。花团锦簇的巨大红烛点燃了，君臣欢宴饮酒，喜度良宵，迎新年，辞旧岁，歌舞通宵。这种时候，正是那些御用文人在皇帝面前应制作诗献赋的好时机，唐代在除夕守岁时，应制诗连篇累牍，大部分都是铺排辞藻，称颂君王圣明，文辞华丽而内容空泛无物。但是有些守岁应制诗，也反映出了唐代宫廷除夕守岁的盛况。唐中宗神龙年间，杜甫的祖父杜审言曾侍宴作《守岁侍宴应制》诗云：

季冬除夜接新年，帝子王臣捧御筵。
宫阙星河低拂树，殿庭灯烛上熏天。
弹琴奏管梅风入，对局探钩柏酒传。
欲向元正歌万寿，暂留欢赏寄春前。

（录自蒲积中《古今岁时杂咏·除夜》，辽宁教育出版社，1998 年版，第 463 页）

诗中所写的煌煌明烛、宫灯烈火、驱傩除妖、王臣御筵、管弦歌舞、除岁饮酒等，勾勒出一幅生动的宫廷除夕风俗画。许敬宗《奉和守岁应制》写道：“祥鸾歌里转，春燕舞前归。寿爵传三礼，灯枝丽九微。”将除夕守岁时的御宴场面写得更为精彩。

但是，一走出巍峨宫阙，离开热闹繁华的长安京城，风光就大不相同了。同是欢度除夕夜，有人欢歌有人愁。元辛文房《唐才子传》记载，中唐大诗人贾岛，一生仕途失意，穷困潦倒，但他爱诗如痴，为求佳句，苦苦行吟，所以文学史上有“郊（孟郊）寒岛（贾岛）瘦”之说。每年除夕守岁时，他必取一年所作之诗置于几案上，以酒为祭，焚香再拜，口中念念有词地祝祷：“此吾终年苦心也。”祭毕举杯痛饮，长歌度岁。贾岛祭诗是珍惜自己心血换来的诗作，对一年得失的总结，寄希望于来年的一种表现。“黄金易得，韶光难留。”每到除夕又过了一岁，对于有理想、有抱负的人来说，岂能不感到光阴迫人，老之将至？唐宪宗时宰相裴度削强藩，平割据，为唐王朝累立功勋，他曾于元和十二年（817 年）督师攻破蔡州，擒吴元济，稳定了唐王朝的政局。据《云仙杂记》记载，裴度每到年终守岁，“除夕叹老，迨晓不寐”，一夜坐于炉前，数次添火。诗人张说《钦州守岁》诗也写出了这样的心情：

故岁今宵尽，新年明日来。
愁心随斗柄，东北望春回。

（录自蒲积中《古今岁时杂咏·除夜》，辽宁教育出版社，1998 年版，第 463 页）

过去的一年光阴今晚就到头了，明天就是新的一年，仰望着北斗七星，心头愁绪也似乎随着斗柄旋转，光阴难留，怎能不令人感到怅然！韦庄在除夕日守岁时也曾赋诗《岁除夜对王秀作》，同样感慨地说：

我惜今宵促，君愁玉漏频。

岂知新岁酒，犹作异乡身。

雪向寅前冻，花从子后春。

到明追此会，俱是隔年人。

（录自蒲积中《古今岁时杂咏·除夜》，辽宁教育出版社，1998 年版，第 474 页）

惜存常怕花开早，惜时唯恐至明朝，所以才有今宵苦短的叹息。玉漏（古代以滴漏来计时）频催让人忧愁，因为一到明天，大家都是隔年人，都增长了一岁，有生之年又减少了一年。白居易在《小岁日对酒吟钱湖州所寄诗》中无可奈何地叹道："一杯新岁酒，两句故人诗。杨柳初黄日，髭须半白时。蹉跎春气味，彼此老心知。"司空图在《岁尽日》其一诗中写道："莫话伤心事，投春满鬓霜。殷勤共樽酒，今岁只残阳。"满鬓霜白的垂暮之年过除夕，说起来令人伤心，在这残阳夕照的晚年，最好不要提起，还是多喝几杯吧！

在家过年，或喜或忧，或乐或愁，或对酒当歌叹人生之短促，或抒怀赋诗盼来年之奋发，都能举家团圆，叙天伦之乐。然而，那些戍守边关的将士，谪贬蛮荒僻地的官吏，栖身旅途馆驿的游客，此时此刻，望月月未圆，望家家不见，孑然一身，孤灯相伴，岂不凄凉伤感。边塞诗人高适在《除夜作》诗中也黯然神伤地写道："旅馆寒灯独不眠，客心何事转凄然。故乡今夜思千里，愁鬓明朝又一年。"诗人在羁旅途中恰逢除夕守岁，看到外面家家户户灯火通明，辞旧迎新，而自己却远离家乡，在孤寂清冷的旅馆中守着"寒灯"，辗转反侧难以入眠。"故乡今夜思千里"是说，故乡的亲人在此时也在想念自己，想着千里之外的"我"如何度除夕。"愁鬓明朝又一年"是指，在这漫漫无边的思念、怀乡中增添了新的白发。这首诗最后两句把诗人除夕之夜的思乡之深、思乡之苦，充满感情地抒发出来，属除夕诗中佳作。

诗人戴叔伦也有五言古诗《除夜宿石头驿》（一作《石桥馆》）吟道：

旅馆谁相问，寒灯独可亲。

一年将尽夜，万里未归人。

寥落悲前事，支离笑此身。

愁颜与衰鬓，明日又逢春。

（《唐诗观止》，陕西人民教育出版社，1998 年版，第 286 页）

高适和戴叔伦两首诗都以“旅馆”开篇，点明诗人的处境都是客旅他乡，又以“寒灯”描写诗人处境的孤寂。值除夕之夜，独守清冷，更何以堪。这一晚，多少事涌上心头，诗人又以“寥落”真切地抒写年末穷愁，愈见潦倒悲哀之情。戴氏任官尽职尽责，治绩斐然，反受诬被贬，病骨支离，一年不如一年，命运凄惨，无可奈何。全诗言辞质朴生动，寄情深远，凄恻动人，广为传诵。黄周星评道：“每至除夕时，往往闻人诵此诗，为潸然，若旅中尤觉难堪。”

晚唐诗人崔涂的《巴山道中除夜书怀》，亦值得一提：

迢递三巴路，羁危万里身。

乱山残雪夜，孤烛异乡人。

渐与骨肉远，转于僮仆亲。

那堪正漂泊，明日岁华新。

（《唐诗观止》，陕西人民教育出版社，1998 年版，第 320 页）

崔涂漂泊巴、蜀、湘、鄂、秦、陇间，自称是“孤独异乡人”。诗一起笔，就描绘巴山道路，起伏连绵，逶迤无际，诗人离家万里，举目无亲，又逢岁时更新，渐与亲人远，孤苦无依，唯与僮仆相依为命，道出旅人的苦情苦境，令人触目伤怀。读着这样的五言律诗，如凉雨凄风飘然而至，谁能不为异乡漂泊的诗人一洒同情之泪。崔涂这首诗言辞平淡，却字字珠玑，思乡之情耐人寻味，可称五言律诗中的上乘之作。

除夕守岁之俗代代相沿，《梦粱录·除夜》记载：“十二月……围炉团坐，酌酒唱歌……谓之‘守岁’。”宋代守岁的习俗不断丰富。宋仁宗嘉祐七年（1062 年），苏轼任凤翔府判官，年终不能回家与亲人团聚，便给弟弟苏辙写了《守岁》《馈岁》《别岁》三首诗，以寄托思念故土之情。蜀地富饶，沃野千里，人杰地灵，素有“天府之国”的美誉，节日文化丰富多彩。苏轼《守岁》诗云：“欲知垂尽岁，有似赴壑蛇。修鳞半已没，去意谁能遮。况欲系其尾，虽勤知奈何。儿童强不睡，相守夜欢哗。晨鸡且勿唱，更鼓畏添挝。坐久灯烬落，起看北斗斜。明年岂无年，心事恐蹉跎。努力尽今夕，少年犹可夸。”这首诗抒发了诗人强烈的思乡之情，表达了除夕守岁时对宦海浮沉的慨叹，也寄托了来年的希望。诗中“儿童强不眠，相守夜欢哗”“坐久灯烬落，起看北斗斜”，描写了儿童们无忧无虑、不眠不休地快乐玩耍，大人“坐久”守岁，直到晨鸡唱、更鼓添的情景，正好反映了当时蜀地守岁风俗，家人团聚，谈笑风生，通宵不眠，这也是年节中一大乐事。

明张瀚《松窗梦语》曰：“围炉团坐，达旦不寝，谓之守岁。此皆故宋之遗风，亦岁终之一乐也。”正好说明明代风俗与宋代基本一致。明陆启浤《北京岁华记》记载：“先除夕一日曰小除，人家置酒宴，往来交谒曰‘别岁’。”说明代北京别岁在除夕前一天就开始了。而吴地称别岁为“辞年”，称“馈岁”为“送年盘”。清顾张思《土风录》也说，馈岁即吴俗送年盘。清顾禄《清嘉录》记载：“岁晚，亲朋互以豚蹄、青鱼、果品之属相馈问，谓之‘送年盘’。”因为馈岁时礼品往往用盘盒装起来，以示隆重，所以把年节馈岁的礼品也叫年盘，把馈岁称作送年盘，送年盘也成了吴地方言。从“别岁”“馈岁”“守岁”可以看出古人惜年华、重人情的淳厚质朴风尚。正如明王崇简《守岁》诗云：

夜久怜春逼，开樽不欲眠。
今宵尚今岁，明日即明年。
万古推迁夕，千门宴乐天。
爆声听不断，远近凤城边。

（录自李家瑞《北平风俗类征上下两册（影印本）》引《青箱堂诗集》，上海文艺出版社，第116页）

在守岁活动兴起的同时，南北朝时期又出现了除夕夜“乞如愿”的风俗。这种风俗源于一个神话故事。据《荆楚岁时记》引《录异传》及《云仙杂记·如愿》记载，卢陵有一位商贾名叫欧明，他每次经商路过彭泽湖，就取船中的物品供祭湖神——青洪君。积数年如一日，长祭不断，使湖神青洪君大为感动。一天，湖神步上水面问欧明：“君有何求？”欧明说：“但乞如愿。”本来他的意思是祈求万事如意，可是恰巧湖神有一女侍者名叫如愿，湖神就答应了这个请求，将如愿赐给欧明。欧明带如愿回到家中，高兴得心花怒放。不论欧明需要什么，如愿都能立即办到，真是如愿以偿。可是有一年元旦，如愿起床晚了些，欧明怒火中烧，痛打了如愿一顿，如愿气急，跑到秽土堆中不见了。这时欧明就用手杖敲打秽土堆，口里呼唤着如愿，可如愿还是没有回来。这是一个离奇的神话故事，它寄托了人们追求生活中万事如意的美好愿望。因此，每年除夕或元旦，在祈求新年万事如意的风俗中，注入了乞如愿的活动。到唐宋时，这种活动尤为盛行。人们用一条细线绳拴系一个锦人，投入秽土堆中，然后执杖痛打。不过这种活动有的在除夕夜进行，有的在元旦进行，也有些地区是在正月十五元宵节进行。黄庭坚诗中“正当为公乞如愿，作笺远寄宫亭湖”，所提的正是这一风俗。而范成大的《打灰堆词》描绘得尤为详细：

除夜将阑晓星烂，粪扫堆头打如愿。
杖敲灰起飞扑篱，不嫌灰涴新节衣。
老媪当前再三祝，只要我家长富足。
轻舟作商重船归，大牸引犊鸡哺儿。
野茧可缫麦两岐，短衲换著长衫衣。
当年婢子挽不住，有耳犹能闻我语。
但如吾愿不呼汝，一任汝归彭蠡湖。

（录自韩养民、郭兴文《节俗史话》，社会科学文献出版社，2011 年版，第 52 页）

词中描绘除夕夜，妇女们顶着满天繁星打灰堆乞如愿的情景是多么富有情趣。杖下的飞灰起舞，连过年的新衣服被污染了都在所不惜。老媪边打灰堆边祝愿，希望自家长年富足，经商盈利，大母牛多生牛犊，老母鸡多孵小鸡，野蚕茧多缫丝，麦子长出双穗，短衲衣能换上长衫。这反映出小农家庭追求温饱的强烈愿望。虽说婢女如愿当年未能留住，但是她一定能听见这些诚挚的呼唤。后两句尤其写得情真意切，“但如吾愿不呼汝，一任汝归彭蠡湖”。可是，在封建社会的普通农民家庭，虽然只求温饱的要求不高，却很难“如吾愿”，在现实生活中理想不能满足，就到神话传说中去追求，年年除夕打灰堆，乞如愿，如愿难归彭蠡湖，只有飞灰涴衣了。

元旦，举国欢腾迎新年

第二节

一、长乐宫里演朝仪

朝仪就是朝廷的礼仪。它定型于汉初，之后流行两千余年。

（一）朝仪的定型

众所周知，出身低微的汉高祖刘邦当了皇帝之后，一度废除秦朝礼仪，那些同他一起打江山的开国功臣，多系以屠狗、织苇之类为营生的布衣，举止粗豪。每当朝会、庆贺之时，一些人开怀畅饮，大呼大叫，更有甚者，醉后起舞，拔剑击柱，朝堂一片混乱。当此之时，善于察言观色的原秦朝博士叔孙通，就入见汉高祖，自告奋勇地请求为汉朝制定一套简便易行的朝仪。汉高祖大喜，立即准许。叔孙通遂召集了二三十个儒生，与其入关，在栎阳（今西安阎良）演练朝仪。

秋尽冬来，适值新年添岁。那时汉承秦制，施行《颛顼历》，以九月为一年之终，十月为一年之始。十月一日为元旦，巧值萧何上奏长乐宫告成，汉高祖遂令君臣至长乐宫欢庆新年，并让叔孙通教习群臣举行贺礼。

百节年为首。汉高祖七年（前 200 年）元旦来临之际，各地诸侯王与文武百官均至长乐宫朝贺。天色微明，谒者引诸侯王、各级官员依次上殿，序列东西两旁，大殿上郎中执戟，陈列仪仗，异常森严，及至汉高祖乘辇升殿，侍臣连声传警，诸侯王、三公九卿等一一上殿拜贺。人人尊礼，个个肃静。礼毕赐宴，君臣按官位高低依次捧杯上寿。宴会自始至终，无人笑闹喧哗。礼毕，汉高祖大喜道：“我今日方知皇帝的尊贵了。”遂加赏叔孙通为奉常，赐金五百斤。

叔孙通导演的朝仪，也叫朝贺礼或朝岁礼，其核心是严明等级秩序，以体现贵贱尊卑有别。这一礼仪为后世统治者所传承，成为春节经典礼仪，并加以装扮和粉饰，形成了一套君臣之间庄严肃穆、令人敬畏的朝仪。这套为后世一代又一代帝王所传承的节日礼仪，是汉高祖执政后第一道节日礼仪的盛宴。

（二）汉唐时代的朝仪

东汉都城的元旦佳节，更是车水马龙，如同闹市。元旦黎明时，夜漏未到七刻，各级官吏，上至诸侯、三公九卿，下至四百石以下的小吏，都要来给皇帝行贺年之礼。有的乘羽盖华帔的驷马安车，有的乘宽敞舒适的轩车，有的骑高头大马，一个个华衣鲜服、峨冠博带，聚集在宫前。皇帝也兴致勃勃地来到德阳殿接受群臣的朝贺。这次朝贺因为是正月正日，所以也叫“正朝”。汉代制度规定：群臣入宫拜年时，公侯要奉送玉璧，俸禄两千石的官员送羔，千石、六百石的官吏送雁，四百石以下的小官送雉，以作拜年之礼。皇帝也要设宴款待群臣。两千石以上的官员都可以上殿，在御前举觞敬酒呼万岁。然后由大司空奉羹，大司农奉饭，奏食举之乐，在锣鼓弦乐声中，君臣宴饮欢度佳节。在元旦君臣宴乐之时，皇帝借机考察臣僚学问。《后汉书·戴凭传》记载，大经学家戴凭为侍中时，正旦朝贺，皇帝为百官赐宴，并令群臣通经史者互相考辨诘难，如有解释经义不通者，须起身，让座给通者。戴凭以他渊博的经学知识连连获胜，连坐五十余席。当时，京师中传为佳话：“解经不穷戴侍中。”一些阿谀奉承之辈也趁机在皇帝面前吹牛拍马，一些刚直不阿之臣则在元旦朝宴上横眉冷对外戚权臣。《后汉书·陈翔传》记载，侍御史陈翔参加正旦朝贺，外戚梁冀威仪不整，陈翔上奏皇帝：“梁冀恃贵不敬，请收案罪！”当时梁冀身为大将军，权倾朝野，百官侧目，陈翔敢冒犯梁冀，确实冒着杀头的危险，所以“人人奇之”。可见，在这种节日喜庆酒宴上，也暗隐杀机，唇枪舌剑中，轻则会被迫离席，颜面扫地，重则脑袋搬家，有性命之忧。即使是皇帝赐宴，大概那酒也不好饮吧。

元旦朝贺之礼，继汉代以后发展尤为显著。曹植《元会》诗中描写曹魏时元日朝贺盛况：“初岁元祚，吉日惟良。乃为嘉会，宴此高堂。”朝贺赴御宴的文武百官个个“衣裳鲜洁，黼黻玄黄”，高贵的礼服上绣着黑白相间的斧形花纹和黑青相间的亚形纹饰，洁净鲜艳。宴席上“珍膳杂沓”，圆圆方方的食器中珍馐美味几乎满得溢出来。向上看，上边宫殿雕梁画栋，向下看，下边宴席文士轩昂，真是君臣一堂，“欢笑尽娱，乐哉未央”。晋代元旦朝贺时，皇帝要给百官增禄，每人赐醪酒两升。晋傅玄在《朝会赋》中叙述元正嘉会系“考夏后之遗训，综殷周之典制，采秦汉之旧仪”，所以特别隆重，人们在夜半就开始迎日出新岁，华灯好似火树银花，炽若“百枝之煌煌”。俯视灯火像一条烛龙照耀四方，仰头看灯烛亮得像是丹露艳阳。宫门大开，皇帝坐在太极正殿，灯火辉煌中更显得宫殿崔巍，宫廷华丽。这时朝贺的人“俟次而入，济济洋洋，肃肃习习，就位重列”。而天子盛服坐于帐前，凭玉几案，面南而受群臣朝贺。朝贺以后，还要奏乐六章，真是管弦齐奏，歌声悠扬，颂声溢耳。

隋唐天下一统，经济文化繁荣昌盛，元日朝会之俗在帝京自然成了旷世盛举。开元初诗人李元操在《和从叔光禄愔元日早朝》诗中反映出这种盛大隆重的场面：“暧暧城霞旦，隐隐禁门开。众灵凑仙府，百神朝帝台。叶令双凫至，梁王驷马来。戈鋋映林阙，歌管沸尘埃。”实现了“贞观之治”的唐太宗，在《元日》诗中宣扬自己：“恭己临四极，垂衣驭八荒。霜戟列丹陛，丝竹韵长廊。”他在《正日临朝》诗中也写道：“百蛮奉遐赆，万国朝未央。”“赫奕俨冠盖，纷纶盛服章。羽旄飞驰道，钟鼓震岩廊。”根据这些诗文来看，唐代元旦不仅皇帝要受百官朝贺，来自远方的部族和附属国的首领及使臣也来奉礼恭贺，以至于驿道冠盖相望，羽旄飞驰，朝堂大殿钟鼓喧天，丝竹震耳。唐太宗诗中对自己难免有溢美之词，但根据当时唐王朝繁荣强盛的情况来看，出现这种盛大场面，也是大有可能的。

唐代元日朝会不仅沿袭旧俗，而且礼制规定颇严。百官朝贺时稍有失礼之处，轻则罚俸，重则贬官。历史上有名的书法家柳公权就受过这样的处罚。据《东观奏记》记载，唐宣宗大中十二年（858 年），正月一日在含元殿行朝贺礼。当时柳公权年已八旬，任太子少师，朝贺时居百官之首。由于含元殿阶高路长，柳公权年迈体衰，走到殿下力软筋疲，腿脚打战，所以上呼皇帝尊号时，误把“和武光孝”呼成“光武和孝”，仅仅几字之差，就受到御史的弹劾，幸好柳公权德高望重，只罚俸一年了事。

唐代元日和除夕一样，宫廷礼俗与风俗互相渗透。据《唐诗纪事》记载，景龙四年（710 年）正月初一，唐睿宗赐群臣柏叶酒。这是饮椒柏酒风俗在宫廷礼俗中的反映。在唐代诗人的元旦朝会应制诗中，就有不少题为“元日恩赐柏叶”的诗作。像李乂《奉和元日赐群臣柏叶》诗云：

劲节凌霜劲，芳心待岁芳。
能令益人寿，非止麝含香。
（录自蒲积中《古今岁时杂咏·元日》，辽宁教育出版社，1998 年版，第 5 页）

武平一的《奉和元日赐群臣柏叶》诗云：

绿叶迎春绿，寒枝历岁寒。
愿持柏叶寿，长奉万年欢。
（录自蒲积中《古今岁时杂咏·元日》，辽宁教育出版社，1998 年版，第 5 页）

这些柏叶应制诗，内容基本上是称颂柏叶绿叶常青，经霜耐寒，芳香宜人，益寿延年，借以祝贺新年。当然，唐代元旦朝会应制诗在其他方面的内容更多，但主要都是写元旦朝会的盛大和隆重，为帝王歌功颂德。如颜师古《奉和正旦临朝》诗云："天涯重致译，日域献奇珍。"魏征《奉和正旦临朝》诗云："百灵侍轩后，万国会涂山。岂如今睿哲，迈古独光前。声教溢四海，朝宗引百川。"这一类诗虽然内容空洞，但也可以看出唐代元旦朝会确实规模空前。

（三）朝仪的传承与变迁

当爆竹声划破夜空之时，官方的朝贺之礼开始了。宋代以后的元日朝贺习俗之隆重较前代有过之而无不及，气氛更加庄严肃穆。宋庞元英《文昌杂录》记载，宋代在大庆殿举办朝会，并开创新仪式，开大庆门，张旗帜。兵部设黄麾仪仗队五千人，夹门填街。据《东京梦华录·元旦朝会》记载，宋代正旦大朝会就在大庆殿举行，有介胄长大武士四人立于殿角，称"镇殿将军"。各国使节入贺正殿。殿庭列法驾仪仗，百官皆穿戴冠冕朝服，连诸路举人入京朝贺也士服朝班。举人一般都是头戴二梁冠，白袍青缘。诸州官吏朝贺都进献地方特产。

在宋代元旦朝会中，各藩属国的使节是最富有特色的。像辽国的大使头戴金冠，金冠的后沿又尖又长，像一片莲叶，身着紫色窄狭紧身袍；辽国的副使却腰裹金带如汉服。大使的跪拜方式与汉族双膝着地不同，而是跪右足、立左足，两手着右肩为一拜；副使跪拜如汉仪。西夏国的大使与副使都戴金冠，穿绯窄袍，叉手而展拜。高丽与南番交州的使节和汉族仪式一样。长髯高鼻的回纥人入朝时，以长帛缠头，散披长袍。于阗来朝者都戴小金花毡笠、金丝战袍束带，并且都携其妻儿同来。南蛮五姓番人入朝时都是椎髻乌毡，像僧人一样礼拜入见。还有远方真腊、大食等国，也不远万里前来参加元旦朝贺。朝见后，宋代皇帝一般都要赐给他们汉装锦袄之类的服饰。

据《梦粱录》记载，元旦朝贺时，紫禁宫中景阳钟齐鸣后，皇帝点燃香烛祭天，为百姓祈祷百谷丰收。百官群僚都依次待班于宫门之外。等到疏星绕建章，天色渐明，虾蟆梆鼓并作，执梃人传呼禁门开启，这时，早已等候在宫门外的百官群僚才联袂入宫城，簇拥而行。进了大庆殿以后，按次序排班站立，当值内侍高声呼问："班齐未？"禁卫人员随班齐奏："班齐！"这时皇帝才出御屏，登临玉座。百官朝拜山呼，尤其那些禁卫人员高声嵩呼，声如雷震，当时号称"绕殿雷"。宰执、枢密使等登殿奏事上寿。然后皇帝宣制说："履兹新庆，与卿等同。"可以看出，宋代元旦朝贺虽然规模盛大，仪式齐整，庄严肃穆，但是却没有唐代给群臣赠柏叶、赐御酒，君臣宴饮同乐、应制作诗的雅趣。这是封建专制制度日益强化的必然结果。

朝贺完毕，皇帝给群臣赐御宴，而外国使节则次日在驿馆赐宴。第二天和第三天皇帝还要到玉津御园射箭，选能射箭的武官伴射，在园中赐宴。先招箭班士的弓弩手十余人立于箭垛子前，戴无脚小帽、裹锦袄，踏弩开弓，舞旋搭箭。武官弯弓射中者，皇帝要赐给闹装、银鞍、马匹、衣帛、金银器物等。来朝的各藩属国使节辞朝时，皇帝一般都要赐宴饯行，并赐赠马匹银帛，礼物丰盛。

蒙古族入主中原后，大量汲取了汉文化，像元旦这样重要的节日自然也在仿效之列。元代诗人萨都剌《都门元日》诗云：

元日都门瑞气新，层层冠盖羽林陈。
云边鹄立千官晓，天上龙飞万国春。
宫殿日高腾紫霭，箫韶风细入青旻。
太平天子恩如海，亦遣椒觞到小臣。

（录自韩养民、郭兴文《节俗史话》，社会科学文献出版社，2011 年版，第 79 页）

从诗中描写的层层冠盖、云边鹄立、千官朝贺、殿腾紫霭、箫韶细乐、声遏青云来看，仪式之隆重不亚于宋朝，连赐椒柏酒的汉族习俗也被吸收了。傅若金《次韵元日朝贺》诗中"宫漏催朝烛影斜，千官鸣玉动晨鸦""宴罢戴花经苑路，诗成传草到山家”等诗句也反映出当时的盛况，说明元代元日朝贺也在五更，在烛光灯影中千官上朝，玉佩叮当鸣响，连早晨酣睡中的梦中之鸦都被惊醒了。元日朝贺后还要赐御宴并戴花以示欢庆。

明初注重节俭。《明会典》记载，朱元璋洪武十六年（1383年）下令，在京文武官吏正旦日要节俭，减少开支。随着社会安定，生产恢复，奢靡之风日盛一日。像明代吏部尚书、华盖殿大学士李东阳《元日早朝》诗描绘的“九门深掩禁城春，香雾笼街不动尘。玉帐寒更传虎卫，彤楼晓色听鸡人”，礼部侍郎程敏政《元日早朝》诗中的“宫鸦集曙彩鞭挥，剑珮森森拱太微。日晃御床明绣衮，云回銮辂见青旗”等句，都生动地描写了明代元日朝贺的情景。据《西湖游览志余·熙朝乐事》记载：“正月朔日，官府望阙遥贺，礼毕，即盛服诣衙门，往来交庆。”可见明代朝贺者不只是京官，地方官吏也要举行遥远的祝贺仪式。

据《帝京岁时纪胜》记载，清代元旦朝贺活动在半夜子时就开始了。据《清朝野史大观·清宫遗闻》记载，五鼓时，皇帝要亲祭堂子，汉族大臣不必参加，百官都要穿朝服于午门外相送。黎明时皇帝圣驾回宫，先至奉先殿，继至宁寿宫给祖宗及太后行礼，然后才能到太和殿受外廷朝贺。辰时，外廷大臣朝贺毕，皇帝回乾清宫，在钟鼓乐声中，皇帝登宝座，皇后嫔妃上前行礼。然后东宫太子和诸王依次在殿前行三跪九叩礼，接着公主郡主们在宫中行礼。最后，皇帝再到西暖阁，内外诸臣聚集于太和门外，望太子住所毓庆宫行两跪六叩礼。礼毕，朝贺结束。这套朝贺仪式确实够复杂的，且不说朝臣们从半夜子时一直折腾到中午，叩了多少头，折了多少腰，早已饥肠辘辘，就是皇帝本人从五更即起祭祀，先叩头，后受礼，也恐怕够劳累的了。然而在封建礼俗中，这元日朝贺乃是一年的大礼，是马虎不得的。朝贺礼后，皇帝又要赐宴宗室，让皇子皇孙、王公贝勒等近亲在乾清宫及太和殿宴饮。在这个宴会上可以只行家礼，高椅盛馔，二人一席，赋诗饮酒。至于朝臣们都回家用膳，不赐宴，这一点与前代不同。

统观历代元日朝贺礼俗，汉魏至隋唐，君臣共庆还有一些情趣。宋代以后，随着封建专制主义的强化，君臣等级更加森严，朝贺成了为皇帝一人拜年的仪式。元明清时期气氛由热烈变为肃穆冷清，这也反映出封建制度日趋僵化，走向没落。

二、未央宫颁布《太初历》

节日文化是人类发展到一定阶段的产物。远在人类童年时代，先民也曾经历过漫长的“山中无历日，寒暑不知年”的岁月。节日的产生与天文、历法、数学密不可分。

天文学是中华文明第一学。随着天文观测、占星术的进步，先民逐渐认识到北斗星是时空的坐标，是人间四季变化的体现，出现了观北斗星、崇拜北斗星之俗。先民依据北斗星旋转长柄所指方向来确定月份。汉初依然沿用《颛顼历》，《汉书·律历志》记载“朔晦月见，弦望满亏”，朔望变化周期与四季顺序错乱、不协调，影响农业生产。到了汉武帝时期，经济繁荣，政局稳定，文化发达，社会迸发活力，修改《颛顼历》，重定正朔（正朔，一年的第一天；正，一年的开始；朔，一月的开始）已成为天文学家的共识，呼声日高。那时，岁首时间游移不定，时而十二月，时而十一月，时而十月，节日体系难以形成。汉武帝元封七年（前104年）十一月甲子日，适逢合朔（初一），又是冬至，汉人认为这是理想的历元，是历法起算的佳机。《汉书·武帝纪》记载，汉武帝采纳太史令司马迁等人改正朔的建议，于这一年五月，宣布改元，下令“以正月为岁首。色上黄，数用五，定官名，协音律”。改元封七年为太初元年，向全国颁行新历，史称《太初历》。

汉武帝太初元年（前104年）推行《太初历》之后，每年农历正月初一为岁首，即元旦。元旦又有“元日”“元正”“元辰”“元朔”“正日”“正旦”“岁日”“岁朝”之名。在我国众多民俗节日中，最隆重、最富有民族特色的节日，莫过于元旦——百节年为首。元旦是国人团聚、闪现民族智慧、传承民族精神的最佳载体。

《太初历》修订于未央宫，下诏于未央宫，推广于未央宫。汉未央是正月为岁首的春节破晓地（春节之名在汉代文献里已出现，指季节；作为节日之名，始于辛亥革命之后），顺理成章。

三、名片贺岁千余载

百节年为首。春节是国人共同庆贺的盛大节日。毫无疑问，春节最诗意、最温馨的莫过于拜年。拜年是习俗中历经千年久盛不衰的重要礼仪，是人们辞旧迎新、祈福未来、相互表达美好祝愿的礼规，也是民间社会提升亲情密切度、人文教化、道德修养的自治活动。通过拜年，调适人际关系，加深友谊，增强互信，构建社会和谐。正因为如此，拜年之俗才弥足珍贵，犹如陈酿。

（一）官民拜年义不同

古代拜年活动，民间与官方大相径庭。民间拜年重亲情，同宗拜神灵、拜祖宗、拜尊长。家中拜年，既拜祖宗，又拜高堂，晚辈向长辈叩头施礼，长辈向晚辈赐压岁钱。平辈、乡邻间登门拜访、相见则作揖道贺，称之为“贺年”。拜年走亲戚，关中有民谚：“初二初三开始走，一走走到二月头。”拜年和除夕夜的团圆饭一样，处处体现着传统伦理，成为维系人际关系的重要情感纽带。

《岁朝图》局部　元·刘贯道　汇图网提供

官方拜年，重礼仪。据《左传》记载，先秦时，官员向国君贺年称“正朝”。朝贺礼为历朝历代官方拜年活动最隆重、最盛大的礼仪。有关这方面的文献记录、诗词多不胜举。如中唐诗人张祜《元日仗》诗云：“文武千官岁仗兵，万方同轨奏升平。上皇一御含元殿，丹凤门开白日明。”这里“仗兵”即天子出行时，仪仗列队候驾；“万方”即万邦来朝。诗人以擅作宫体诗而享誉诗坛，这首诗描述唐代元日于含元殿向皇帝朝贺，仪仗威严，文武百官齐列，四海宴请，声势宏大，道出大唐盛世节日新气象。

（二）以“谒”通名

拜年礼仪中很值得关注的是官场间以“谒”致贺的礼俗。“谒”是我国最早的名片。这一风俗至迟出现于战国晚期。《史记·张仪传》记载，“张仪于是之赵，上谒求见苏秦”。那时没有纸，“谒”是用竹木写上自己的名字，拜访通名时用。《史记·郦生陆贾列传》记载，沛公刘邦起兵反秦，率兵路过陈留，郦食其“踵军门上谒”，求见沛公，沛公不见，“使者出谢……郦生瞋目按剑叱使者……使者惧而失谒，跪拾谒，还走，复入报曰：‘客，天下壮士也，叱臣，臣恐，至失谒’”。这段50多字的内容里，“谒”字出现四次。这里的“谒”是人们登门拜访求见时以通姓名的名帖，或叫名片。东汉时则称作“刺”，即名刺。《后汉书·文苑列传》记载：“建安初，（祢衡）来游许下。始达颍川，乃阴怀一刺，既而无所之适，至于刺字漫灭。”因在竹简或木片刺上名字，所以称“刺”。《论衡·骨相》记载，“相工指倪宽曰：‘彼生当贵，秩至三公。’韩生谢遣相工，通刺倪宽，结胶漆之交”。这里的通刺，为交换名片，表示结交，成了朋友。东汉刘熙《释名·释书契》曰：“书称刺，书以笔刺纸简之上也。”汉代文士使用的“谒”是什么形状，迄今仍潜藏在文献中，有待考证发现。值得庆幸的是，1984年6月，在安徽省马鞍山市雨山区三国东吴大将朱然墓出土14枚木刺、3

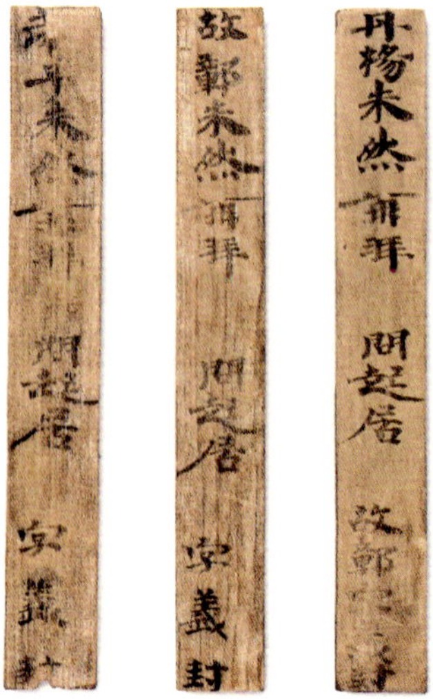

三国东吴大将朱然墓出土的木刺
马鞍山市博物馆藏

枚木谒。木刺长约 24.8 厘米，宽 3.4 厘米，正面直行墨书“弟子朱然再拜 问起居 字义封”“丹杨朱然再拜 问起居 故鄣字义封”等字样，字体隶中带楷；木谒长约 24.8 厘米，宽 9.8 厘米，正面顶端中央墨书“谒”字，右起直行墨书“持节右军师左大司马当阳侯丹杨朱然再拜”字样。“持节右军师左大司马”为官职，“当阳侯”为爵位，“丹杨”是籍贯。显然汉魏时代官场社交中，仍依“谒”通报姓名，这一现象在汉魏正史中多有记录。

清代乾隆时期，与诗人蒋士铨、袁枚并称“江右三大家”的赵翼在读书笔记《陔馀丛考·名帖》中考其源流，他说：“古人通名，本用削木书字，汉时谓之谒，汉末谓之刺，汉以后则虽用纸，而仍相沿曰刺。”

赵氏这一结论，学者广为引用。当我们反复解读这段文字时，忽然想起前文所引“韩生……通刺倪宽，结胶漆之交”。“兒”同“倪”，兒宽是汉武帝时御史大夫。王充生于汉光武建武三年（27 年），卒于汉和帝永光年间。王充虽与兒宽相距百余年，但汉人记录汉代习俗，自然可信了。如果此说无误，那么汉武帝时已将“谒”称为“刺”了。从西汉中叶起，汉人已将“谒”称为“刺”。之后随着社会的进步、纸的使用，到了隋唐，“谒”又有“名纸”“名帖”之称谓了。《开元天宝遗事·风流薮泽》记载：“长安有平康坊……京都侠少萃集于此，兼每年新进士，以红笺名纸游谒其中。”平康坊为长安外郭城坊之一，是京城北部中心地区，坊中多达官显贵宅第，时人称此处为“风流薮泽”之地，达官显贵、文人雅士常依谒交友。元稹《重酬乐天》诗云：“最笑近来黄叔度，自投名刺占陂湖。”

唐宋时期，昔日官场通报姓名的“刺”，又有“门状”之名。过去削竹木上书姓名，后以纸作书，故谓之名纸，即名片。刘桂秋在《古代的名帖》一文中介绍，唐宋时，又时兴用一种叫作“门状”的名帖，其式“繁于名纸”，它的前身本来是一种下属见上司时所呈递的公状，状纸呈上后，必须由上司于“状后判引，方许见”。南宋叶梦得在《石林燕语》一书里有介绍这种公状的体式：

> 唐旧事，……府县官见长吏，诸司僚属见官长，藩镇入朝见宰相及台参，则用公状。前具衔，称“右某谨祗候某官，伏听处分。牒件状如前，谨牒”。

到了唐武宗时，李德裕为相，位高权盛，一些趋奉巴结之徒在踵门拜谒时，嫌“旧刺礼轻”，便将这种公状投于李德裕的私人宅第，谓之门状。此后，私人之间拜谒，便开始通用这种门状。如南宋张世南《游宦纪闻》便记载了家藏的北宋治平四年（1067年）士大夫往来所用的门状，其中有：

医博士程昉：右昉谨祇侯参节推状元，伏听裁旨，牒件如前，谨牒。治平四年九月、日，医博士程昉牒。

治平是北宋第五个皇帝宋英宗的年号，到了宋神宗元丰年间，官场习俗亲手写名帖叫“手刺”。陆游《老学庵笔记》说：

元丰后，又盛行手刺，前不具衔，止云某谨上谒某官，某月、日，结衔姓名。刺或云状，亦或不结衔，止书郡名，然皆手书。

（三）望门投刺

以“谒”交友之俗经千余年岁月的流逝，不仅没有被冲淡，反而越来越被珍视。从宋代起，已用名刺拜年。南宋周密《癸辛杂识》记载：“节序交贺之礼，不能亲至者，每以束刺签名于上，使一仆遍投之，俗以为常。”该书还记载了这样一个故事：

余表舅吴四丈性滑稽，适节日无仆可出，徘徊门首，恰友人沈子公仆送刺至，漫取视之，类皆亲故，于是酌之以酒，阴以己刺尽易之。沈仆不悟，因往遍投之，悉吴刺也。

看来，后世人们在春节互致“贺年片”的习俗，正是由此而来。

宋周辉《清波杂志》记载，宋哲宗赵煦元祐年间，新年贺岁，多不亲往。“有一士人令人持马衔，每至一门，撼数声而留刺字以表到”。而元祐年间的“刺”的内容是什么？刘桂秋在《古代的名帖》一文中介绍，张世南在《游宦纪闻》一书中说过“士大夫谒见刺字，古制莫详”。但张氏在该书中，却记录了他家中收藏的北宋元祐年间秦观、黄庭坚、晁补之等元祐十六君子所用名刺的石本墨迹，云：

观敬贺子允学士尊兄。正旦，高邮秦观手状。

庭坚奉谢子允学士同舍。正月、日，江南黄庭坚手状。

补之谨谒谢子允同舍尊兄。正月、日，昭德晁补之状。

上面所录三人的名刺的体式内容，是很有代表性的。这三人与张耒合称“苏门四学士”，都是词坛名流。两宋文学的主流是词。词是诗歌的一种，源于民间，兴于五代，而盛于两宋。秦观工词，是婉约词别开天地的优秀词人，作品以文雅享誉词坛；黄庭坚工诗文，与秦观齐名，为江西诗派的“三宗”之一；晁补之善词，词风接近苏轼，风格坦荡磊落、高朗爽健。这三位词坛名将的“刺”的用途基本相近，秦观之刺用于元旦贺年，而黄庭坚、晁补之用于正月，含元旦或立春，或人日，或上元节，或晦日，作为社会交流拜谒一位叫谢立（字子允）的人时所用的名刺。这些名刺“或书官职，或书郡里，或称姓名，或只称名；既手书之，又称主人字；且有同舍、尊兄之目”，于此可见宋代名刺的体式内容。

名刺拜年承载着一代又一代人的情感寄托，携带问候，以前所未有的热情，在千呼万唤中诉诸节日文化交流。

宋代名刺用梅花笺纸制成二寸宽、三寸长，与汉魏时相比，名刺上面不仅写着自己的姓名，又增加地址。平时以名刺广交朋友，到了正月一日拜年时，理应登门拜贺，由于坊邻亲朋多，一时忙不过来，就赠送一张名刺，甚至给不太熟悉的人也送一张。投寄名刺不一定本人亲自去，可以由仆人代劳。

据《北平风俗类征上下两册（影印本）·岁时》引《燕京杂记》记载：

正月初旬，拜者踵门，疾呼“接帖”。投一名刺，忽忽驰去，多不面晤主人，司阍者记其姓名于册，多有不识者，倘无司阍者，客到嫌于启门，贴一纸囊于门外，外写“请留尊柬”四字，拜者投刺于中即去。

这段文字描绘出古代“望门投刺”的生动画面。

到了明代，京师投寄名刺之风尤盛，朝官往来不问相识与否，都是望门投刺。一些朝官往来讲求形式，如东西长安街，朝官居住最多，据明陆容《菽园杂记》卷五记载：“至此者不问识与不识，望门投帖，有不下马，或不至其门，令人送门帖者，碰到黠仆应门，则都却而不纳，或有闭门不纳者。”

清代，春节拜年活动中投名刺之风遍及城乡各地。官宦人家因交游广，同僚多，更是互拜不已。《燕京岁时记·元旦》记载：“亲者登堂，疏者投刺而已。貂裘蟒服，道路纷驰，真有车如流水马如游龙之盛，诚太平之景象也。”这时名刺也叫飞帖。如《清嘉录·飞帖》所述，吴地风俗就有“遣仆投红单刺至戚若友家者，多不亲往，

《拜年送名片（明）》刘杰　绘
仿《古代风俗百图》

答拜者亦如之，谓之飞帖”。清褚人获《坚瓠集》曰：“元旦拜年，明末清初用古简，有称呼。康熙中，则易红单，书某人拜贺，素无往还，道路不揖者，而单亦及之。”清代还时兴一种“拜盒”，将红色硬纸片制成的名刺放入锦盒中送给对方，以示隆重。

由于当时投寄名帖（名刺）之风甚盛，所以好多人都在门上贴上红纸袋，上书姓氏，号为“门簿”，以便于接收名帖。这种贴于门上的红纸袋又叫“接福”，或叫“代僮”，类似现代家庭门口的信箱。清范来宗《拜年》诗云：

走贺纷阗岁龠更，素非识面也关情。
添丁夸列怀中刺，过午飞留簿上名。
羽士禅师同逐逐，东家西舍尽盈盈。

春明旧梦还能记，驰遍轮蹄内外城。

（录自韩养民、郭兴文《节俗史话》，社会科学文献出版社，2011 年，第 84 页）

这里“怀中刺”就是指怀揣名刺，“簿上名”即门簿留名。所以当时有“望门投帖，宾主不相见，登簿而已”，甚至江浙一带“俗尚拜年，有从未识面，互相投帖，以多为荣者”。这大约因为慕名投帖者多，如同现代认为知名度高而有关系。

（四）名片贺岁

名刺之名到了清末又称“片子”或“名片”。清翟灏《通俗编》记载：

京中士大夫贺正，皆于初一元旦，例不亲往，以空车任载一代身，遣仆用梅笺裁为小帖，约二三寸，写单款，小注寓邸款下，各门遍投之，谓之“片子”。

（录自李家瑞《北平风俗类征上下两册（影印本）·岁时》，上海文艺出版社，第 10 页）

道光《都门杂咏·名片》诗云：

新正投刺古遗风，小楷端书样若穷。

羡慕翰林名字大，也将红纸印来工。

（录自李家瑞《北平风俗类征上下两册（影印本）·岁时》引道光《都门纪略》，上海文艺出版社，第 10 页）

道光《都门杂咏·元旦》诗云：

元旦首祚启芳辰，律转星回斗建寅。

名片往来新喜贺，香车宝马惹风尘。

（录自李家瑞《北平风俗类征上下两册（影印本）·岁时》引《节令门》，上海文艺出版社，第 10 页）

道光《都门杂咏·拜年》诗云：

家家名柬贺新年，门簿书来住址全。

惟有谏垣常谢客，免教拜谒费车钱。

（录自李家瑞《北平风俗类征上下两册（影印本）·岁时》引《风俗门》，上海文艺出版社，第10页）

从道光年间的《通俗编》《都门杂咏》《都门纪略》这些民俗书籍中可以看出，道光时清王朝中衰，内外交困，政治日坏，武备废弛，社会动荡不安，关心国家命运、有良知的文士活跃，每逢新年，以名片贺岁之风依旧风行。此风俗到中华民国初年仍有遗风，不仅在国内书刊有记录，而且引起了海外文士的关注。

张双林在《外国人笔下的旧京春节》一文中介绍，日本学者、记者丸山昏迷（1895—1924年），至民国初年已在中国工作多年，曾译鲁迅《中国小说史略》，是一位对华友好的人士，著《北京》一书，专门记录了老北京的春节。有人将他评为“最早接触北京的思想家和文化人”。在《北京》一书中，他详细地介绍了老北京春节前后的热闹场景和拜年习俗：“拜年时，如果不是很亲密的关系，一般不进家里拜年，而是将贺年用的大红名片交给那家伙计。即使是关系很好的人，也只是在会客室上些茶水，备些茶点招待而已。不像日本招呼客人喝屠苏酒，品尝美味佳肴。”显然，丸山昏迷笔下，望门投刺、名片贺岁之俗在中华民国初年依然流行于北京，这是古风遗存的珍贵文献记录，值得补叙一笔。

如此看来，名刺称“片子”或“名片”，已两百多年。

民国时期，由于西方文化的引进，公历新年也送贺年卡。贺年卡变成了印刷品，上有祝福词句，印刷设计也讲究艺术，内容形式都有所更新。现代的贺年卡小巧玲珑，既印年历，又有精美的画面，融书法、绘画、祝词为一体，给亲朋好友增添了不少节日情趣。

随着科技的进步、时代的演进，拜年的方式也在变化着，从最初的登门拜年到名帖投寄，20世纪六七十年代写信拜年、电报拜年，再到电话拜年、短信拜年、微信拜年、视频拜年、电子贺卡拜年，老式的纸质贺年片已日渐式微，快捷方便的网络视频拜年正流行，空间、时间距离缩小了，人与人的距离拉近了。浓浓的年味在不同年代呈现出不同的形式。不管过去、现在还是未来，一次又一次的拜年，年复一年的祝福，坦诚的交流，热情的拥抱，美好的展望，无不令人心动。千百年来，每年春节，拜年活动像一幅生动的画卷展现在我们面前，像一首不老的歌回响在我们耳边，像一条清幽的历史长河，从每一个中华儿女的心田淌过。

四、畅饮岁酒贺新年

汉代伊始，每逢元旦，家人欢聚，除旧迎新不能没有酒。那时，重要节俗是儿女向长辈献酒祝寿、恭贺新年。《荆楚岁时记》记载，元旦时，长幼悉正衣冠，依次拜贺，进椒柏酒，饮桃汤，进屠苏酒。可见过年要敬奉的酒有椒酒、柏酒、屠苏酒。

（一）椒酒

椒即花椒。椒酒是用花椒籽或花椒叶浸制的酒。汉末世风颓废，饮酒无度，人们认为椒是玉衡星（北斗第五星）的精灵，吃了花椒酒能使人年轻耐劳、健康长寿。元旦之日以椒酒敬献长辈，借以祝寿、恭贺新年。《初学记》引《四民月令》记载：“正月之朔，是谓正日……子妇曾孙，各上椒酒于家长，称觞举寿，欣欣如也。”这是汉代重要的节日风俗之一。汉俗，用椒籽酿的酒浆，也是祭神时用的祭品之一。《汉书·礼乐志·郊祀歌》云：“勺椒浆，灵已醉。”那时，人们神化椒酒，饮椒酒的杯子、盘子都有专用名称。盛椒酒的杯子叫“椒觞”，《乐府诗集》中有《晋朝飨乐章·举酒》记载：“椒觞再献，宝历万年。”元旦用盘进椒，饮酒时取椒置酒，称“椒盘”。此俗流传到唐宋，杜甫《杜位宅守岁》云：“守岁阿戎家，椒盘已颂花。”南宋词人史浩《瑞鹤仙·元日朝回》云：“椒盘颂好，称寿斝，祝难老。”寿斝即宋代祝寿用的酒杯。

新的一年开始，人们企盼一切厄运都能随旧岁而去、幸福美好能随新年而至。人们在祭祖后，全家举杯饮椒酒，恭贺新年。花椒籽和叶香气浓烈，不仅是烹饪的最佳调料，也是节日驱邪之物。南北朝文学家庾信在《正旦蒙赉酒》中吟道：

正旦辟恶酒，新年长命杯。
柏叶随铭至，椒花逐颂来。

（录自蒲积中《古今岁时杂咏·元日》，辽宁教育出版社，1998年版，第2页）

"赉"，即赏赐。庾信初仕梁，后历仕西魏、北周，官至骠骑大将军、开府仪同三司，阅历丰富。诗中描绘的正是元旦饮椒酒辟恶之俗。《本草纲目》记载："椒柏酒，元旦饮之，辟一切疫疠不正之气。除夕以椒三七粒，东向侧柏叶七枝，浸酒一瓶饮。"《本草纲目》是我国16世纪前医药学丰富经验的总结，它不仅仅是一部药典，也是增广见闻的植物学著作，广泛流传于世，其学说是医药宝库中一份珍贵的遗产。

饮椒酒之俗到清代依然流行。"乾嘉三大家"之一的文学家袁枚，在《伤心》诗中写道："素琴将鼓光阴速，椒酒虚供涕泪多。"此诗是诗人吟诗追祭慈母的佳作，可见乾嘉时期饮椒酒祝寿之风，依旧时兴。元日饮椒酒敬双亲祝新年之俗，今日已成虚设，令人遗憾。

（二）柏酒

汉代元旦风俗，儿孙也向长者献柏酒祝寿。柏酒是用柏树叶浸泡酿造的酒，柏酒又有"柏叶酒"之名。柏也称"椈"，柏树为常绿乔木，柏叶不畏霜雪，经冬不凋，也可入药。东汉应劭《汉官仪》记载："正旦饮柏叶酒上寿。"汉人元旦饮柏酒为长者祝寿、避邪。《荆楚岁时记》引《四民月令》曰：

"过腊一日，谓之小岁，拜贺君亲，进椒酒，从小起。""椒是玉衡星精，服之令人身轻能老，柏是仙药。"成公子安《椒华铭》则曰："肇惟岁首，月正元日，厥味惟珍，蠲除百疾。"是知小岁则用之，汉朝元正则行之。

汉代元旦向尊长双亲祝贺，敬椒酒、柏酒，祝愿在新的一年里免除百病，人人身体健康。之后，椒酒、柏酒也称"椒柏酒"。这一习俗，魏晋南北朝时仍然流行。元旦向长者敬奉椒柏酒，饮桃汤水，以祝寿、避邪。唐宋时期，元旦饮柏酒之俗更为盛行。杜甫《元日示宗文宗武》诗云："飘零还柏酒，衰病只藜床。"晏殊《奉和圣制元日》诗云："柏叶清樽举，椒花绮颂陈。"杜审言作《守岁侍宴应制》诗道："弹琴奏管梅风入，对局探钩柏酒传。"亦是柏酒入宫的佐证。

元旦饮柏酒之俗在明清文人诗词中时有出现。元末明初诗人袁凯《客中除夕》诗云："一杯柏叶酒，未敌泪千行。"这时的"柏叶酒"，可能是自然发酵酿成的米酒，也可能是今日常见的烈性酒。郭泮溪在《中国风俗文化集萃·中国饮酒习俗》中说，蒸馏酒的滥觞确定宋代较为合理。倘若以此说为准，那么，宋之前社会上所饮之酒，无论是椒酒、柏酒，还是之后的屠苏酒，都是米酒无疑了。民国之后椒酒、柏酒逐渐退出酒市，成为人们的历史回忆了。值得补充的是，唐代元旦宫廷饮柏酒时，还有赐柏叶。柏叶常绿，唐人称“千岁叶”，赐柏叶，以示祝福健康长寿。据《古今岁时杂咏》一书所载，唐代诗人赵彦昭、李乂、武平一等人，元日赴宫廷盛宴，幸得皇帝赏赐柏叶后，作奉和应制诗。赵彦昭有《奉和元日赐群臣柏叶》诗云：

器乏雕梁器，材非构厦材。

但将千岁叶，常奉万年杯。

（录自蒲积中《古今岁时杂咏·元日》，辽宁教育出版社，1998年版，第5页）

一同应制的还有李乂、武平一，以武平一为佳，诗尾为“愿持柏叶寿，长奉万年欢”。“大历十才子”之一的司空曙在《酬卫长林岁日见呈》诗又有“朱泥一丸药，柏叶万年杯”诗句。这习俗与饮柏酒相辅相成。饮柏酒、赠柏叶，祈愿家人、友人和四季常青的柏树一样福寿长存。

（三）屠苏酒

汉末魏晋之后，人们在元旦除了饮椒酒、柏酒之外，还时兴饮屠苏酒。屠苏也作“酴酥”“屠酥”。屠苏，是草名，也是一间草庵之名。屠苏酒是一种用许多味药材浸泡的酒。唐韩鄂《岁华纪丽》注曰，从前有一个人住在草庵中，每到除夕夜里，在街巷里贴一张药方，药方如下：大黄、蜀椒、苏梗、桂心、防风各半两，白术、虎杖各一两，乌头半分。捣碎后用布袋包好，除夕傍晚挂在井中，使其受潮成泥状。正月初一这天把袋子的药取出，再浸入酒中，全家同饮此酒，在新的一年里不会有瘟疫。由于人们只知其药方，不知道提供药方人的姓名，于是便用那个人所居住的草庵屠苏为名，称之为屠苏酒。屠苏酒属药酒类，药酒制法有冷浸法、热浸法、回流法等，屠苏酒是冷浸法制成，具有祛风散寒、活血通络、驱除疫痛的作用。屠苏酒的配方、药量在不同时代，会有不同的调整。葛洪《肘后备急方》中说，这个配方在晋武帝时得到验证和推广。孙思邈在《备急千金要方》中再度认可屠苏酒的疗效，指出：“屠苏酒，辟疫气，令人不染温病及伤寒之方。”正月朔旦，“屠苏之饮先从小起，多少自在，一人饮一家无疫，一家饮一里无疫，饮药酒得三朝，还滓置井中，能仍岁饮，可世无病”。一代又一代名家的首肯让屠苏酒声名鹊起，成为岁酒的文化符号，亦是历朝历代诗人、词人年节中的时尚饮品。

唐代国富民强，整个社会都被盛世的美酒灌得酩酊大醉，上至皇帝近臣，下至贩夫走卒，莫不纵酒狂饮。一代英主唐太宗李世民有《帝京篇十首》之八即倡饮酒之风，女皇武则天即位后仍力倡雄豪饮风。上有好，下必为甚。唐代无论节假日，还是日常生活，朝野士庶以诗酒风流为人生一大快事，“曲江宴”“探春宴”“杏林宴”也成为文人士大夫向往的盛事。那些学富五车的文人皆喜饮酒，以抒发心中的欢乐或者排遣胸中的郁闷，他们节日相聚，不仅以诗相竞，还要一比饮酒高下。诗仙李白亦是酒仙，诗圣杜甫不能一日无酒。酒和诗成为唐代文人生活中不可或缺的重要因素。李志慧在《中国古代文人风尚》中说，李白相当一部分诗是在酒醉后创作出来的。杜甫的一千四百余首诗中和饮酒有关系的达三百余首。在白居易的二千八百余首诗中，与酒有关的诗也有九百余首。

唐代上层社会节日生活奢侈淫靡。据唐代文献记载，“侈于游宴”成为文人、士大夫阶层节日生活的普遍风尚。杜甫著名的《饮中八仙歌》，以传神之笔，生动地描写出唐代上至王公宰相，下至诗人布衣纵酒狂饮的社会风尚。每逢除旧迎新的除夕，亲人相聚，围炉而坐，叙旧话新，以酒相佑，欢宴饮酒，喜度良宵。唐代宫中守岁，大摆宴席，侍臣应制作诗。

《东京梦华录注》引《文昌杂录》记载：“唐岁时节物，元日则有屠苏酒、五辛盘、咬牙饧。”唐人元旦饮屠苏之风，在顾况、权德舆、裴夷直、陈陶、方干等人的诗中，多有描述。南北朝伊始，元旦饮屠苏酒，要吃五辛盘、咬牙饧。咬牙饧，即胶牙饧，是用麦芽或谷芽熬制的很黏的软糖。喝屠苏酒时的次序是先序年齿，定长幼，从年纪最小的开始。唐肃宗时曾任著作郎、校书郎的诗人顾况于元旦作《岁日作》（一作《岁日口号》）吟道：“不觉老将春共至，更悲携手几人全。还丹寂寞羞明镜，手把屠苏让少年。”这首诗是诗人隐居道教圣地茅山（在江苏西南部）后，恰逢元旦而作，手把屠苏，叹惋年华老去，表达了甘心寂寞的达观心态。“手把屠苏让少年”正是唐元旦饮屠苏酒的礼俗之一。

宋代开封饮屠苏酒之俗盛于唐长安。宋人纵酒成风。《清明上河图》中有醉汉趴在闹市里的树下睡着了，裤子被人恶作剧地扒下来也不知道，画面让人忍俊不禁。《水浒传》里那些江湖好汉，总是大块吃肉、大碗喝酒，三五好友相聚，

《岁朝欢庆图》清·姚文瀚　汇图网提供

青梅煮酒、觥筹交错，乐在其中。文人的诗词里，画家的作品里，酒是一个重要的主题。

那时，人们除夕守岁，以饮屠苏酒为乐。通音律、精于琴的著名词人杨缵有一名作《一枝春·除夕》云："竹爆惊春，竞喧填、夜起千门箫鼓。流苏帐暖，翠鼎缓腾香雾。停杯未举。奈刚要、送年新句。应自有、歌字清圆，未夸上林莺语。从他岁穷日暮。纵闲愁、怎减刘郎风度。屠苏办了，迤逦柳欺梅妒。宫壶未晓，早骄马、绣车盈路。还又把、月夜花朝，自今细数。"酒是宋人节日生活必不可少的饮品。这首词开篇以"爆""惊"夺人，接续"千门箫鼓"，声势浩大，生动地描写达官显贵之家除夕守岁、欢乐宴饮的热闹场景，这是宋代富贵人家辞旧迎新节日生活的一个缩影。《武林旧事》称道："守岁之词虽多，极难其选，独杨守斋《一枝春》，最为近世所称。"

宋代元旦饮屠苏酒欢度新年蔚然成风。《东京梦华录注》引南宋赵彦卫《云麓漫钞》云："正月旦日，世俗皆饮屠苏酒。"宋人元旦饮屠苏酒之俗不仅在正史中有记录，在文人诗词中也屡见不鲜。北宋文学家晏殊，宋仁宗朝累官至宰相，以枢密使加平章事，多次元旦奉和作应制诗，有《御阁》四首，其四道：

习习条风拂曙来，清香犹绽雪中梅。

屠苏酒绿炉烟动，共献宜城万寿杯。

（录自蒲积中《古今岁时杂咏》，辽宁教育出版社，1998 年版，第 27 页）

这首诗以清新淡雅的笔调描绘宫中饮屠苏酒闲适欢快的情态，更为元旦盛宴增添了诱人的魅力，也表现出上层社会节日生活之悠闲情致。

元、明、清时期，元旦传承汉唐礼俗，人们会举行相应的祭祖活动。元清两代，虽是少数民族入主中原，但对这有悠久历史、传承几千年的节日文化还是予以承认并接受。元代诗人萨都剌《都门元日》诗道："太平天子恩如海，亦遣椒觞到小臣。"元代帝王也仿效唐宋君王之俗，元旦赐椒酒、柏酒给近臣贵戚，借以笼络臣民之心，巩固政权。据《酌中志》卷二十记载，明代元旦，京城人五更时起，焚香、放炮，开门迎新年，然后饮屠苏酒、吃饺子。

至于清代贵族世家豪华的节日生活情景，曹雪芹在《红楼梦》五十三回《宁国府除夕祭宗祠，荣国府元宵开夜宴》中有较详细的描绘：腊月二十九日，宁、荣两府中都贴了门神、春联、挂牌、新油桃符。到了三十，就是除夕，祭宗祠，晚上全家男女老幼依次拜年，饮屠苏酒，吃合欢宴。书中写道：

> （贾母）归正坐。贾敬贾赦等领诸子弟进来。贾母笑道："一年价难为你们，不行礼罢。"一面说着，一面男一起，女一起，一起一起俱行过了礼。左右两旁设下交椅，然后又按长幼挨次归坐受礼。两府男妇小厮丫鬟亦按差役上中下行礼毕，散押岁钱、荷包、金银锞，摆上合欢宴来。男东女西归坐，献屠苏酒、合欢汤、吉祥果、如意糕毕，贾母起身进内间更衣，众人方各散出。

《红楼梦》这段合欢宴描写得极为生动，语言清新，人物情态如生，跃然纸上，充满了浓郁的节日气息，令人不忍掩卷。曹雪芹妙笔下的合欢宴又称"团年酒"；酒宴中的合欢汤是用合欢花煮制而成；吉祥果是用糖、油、面制作的一种形状如同水果的面果子，与关中花馍相似；如意糕是用米粉或面粉做的小点心。这些糕点之名皆取吉利之意，旨在新年团圆合欢，吉祥如意。

综上所述，椒酒、柏酒、屠苏酒都是新年最受欢迎的吉祥饮品，盛行几千年，不仅是中国酒史，也是世界酒史上一大奇迹。元旦饮屠苏酒之风也传到日本、朝鲜、韩国。日本著名史学家坂本太郎在《日本史概说》一书中说，日本奈良时代起唐风盛行，日本的风俗文化都是照搬唐代的样式，或者稍加修改增删，总是无不与唐风有关。张双林《外国人笔下的旧京春节》一文中说，日本文化学者丸山昏迷在其所著的《北京》一书中介绍，日本人拜年习俗，"招呼客人喝屠苏酒，品尝美味佳肴"。元旦饮屠苏酒成了良风美俗，走出国门千余年，声名远播。

五、岁酒让少年

我国是世界上最早发明酿酒术的国家之一。酒的出现，无疑是在人类开始定居，社会经济、文化发展到一定高度，粮食有了大量储存之后。

在酿酒术发展的基础上，商代已能酿造出不同种类的酒，从已发现的甲骨文记载中发现有用黍米酿的黄酒，稻米造的甜酒，还有黑黍酿的香酒。殷墟出土的酒器中有盛酒的壶、尊、卣，种类之多、数量之大是前所未有的。据《史记·殷本纪》记载："以酒为池，悬肉为林，使男女倮，相逐其间。"纣王穷奢极欲，纵情酒色，以致亡国。周武王灭商，吸取商亡教训，行禁酒之令；降及汉代，亦实行禁酒政策。汉制，三人以上无故聚在一起饮酒，要被罚金四两。但随着社会经济的发展，官吏饮宴之风勃兴，达官显贵美酒佳肴日日不断。好黄老之道的丞相曹参日夜饮酒，良吏韩延寿能“饮酒石余”。为了迎合官吏的好酒之风，百姓纷纷潜心酿造各种美酒，酒肆生意兴隆。每逢四时八节，京城长安达官显贵、富商大贾，亲友相聚，盛置酒宴。酒宴虽多，礼仪为先。那时，元旦亲友相聚，席地而坐，谒见君父，稽首而拜，宾主相会，拱手为礼，亲人相见，见尊者，身略俯折，两手合抱，左手在外，右手在内，长揖而拜。入席，以东向即坐西面东为最尊，其次是南向，再次是北向，最后是西向。《史记·项羽本纪》记载：“项王即日因留沛公与饮。项王、项伯东向坐；亚父南向坐，亚父者，范增也；沛公北向坐；张良西向侍。”这就是楚汉相争中，以“项庄舞剑，意在沛公”闻名天下的鸿门宴。宴席上，刘邦是客人，应居首席，东向坐，但项羽、项伯竟居首席，谋士范增也南向坐，却让主客刘邦北向坐，张良为侍者，自然西向坐。司马迁是掌宗庙礼仪的太史令，在司马迁笔下，项羽有气概是真正英雄，但也骄傲自大，鸿门宴安排席次，主客之位颠倒就是一例。他不仅让刘邦北向坐，连自己的叔叔项伯也不能独坐，却让项伯与自己同坐，反映了项羽一介武夫形象。司马迁又在《史记·魏其武安侯列传》记录武安侯“尝召客饮，坐其兄盖侯南乡（向），自坐东乡（向），以为汉相尊，不可以兄故私桡。武安由此滋骄。”盖侯是武安侯之兄，按礼应东向坐，居首席之位，而武安侯不尊这种家礼，认为自己是汉相，地位尊，不假思索自己东向坐，居宴席之首，与项羽一样，不遵礼仪，成为后世文人茶余饭后的笑料。

汉代习俗，元旦亲友团聚，饮酒次序上，由年龄最小的先举杯。敬奉长者，待一齐举杯后，由年龄小者先喝。南宋史学大家洪迈在《容斋随笔·岁旦饮酒》中说：“今人元日饮屠苏酒，自小者起，相传已久，然固有来处。后汉李膺、杜密以党人同系狱，值元日，于狱中饮酒，曰：‘正旦从小起。’”《荆楚岁时记》注引《四民月令》曰：“过腊一日，谓之小岁，拜贺君亲，进椒酒，从小起。”崔寔是李膺师友，志同道合，礼仪亦同。

汉代过年，喝椒酒时，从年纪小的开始，这一习俗为魏晋南北朝所传承。《荆楚岁时记》记载，正月初一为三元（岁之元、时之元、月之元）元日，“长幼悉正衣冠，以次拜贺。进椒柏酒，饮桃汤……凡饮酒次第，从小起”。可见汉魏时期，喝酒的次序都是从年纪小的开始。为什么会流行这一习俗？《荆楚岁时记》中引用魏议郎、礼仪专家董勋说："正月饮酒先小者，以小者得岁，先酒贺之；老者失岁。故后与酒。"这是因为年少者过年意味着长大了一岁，先喝酒有祝贺之意；而年长者过年则意味着失去一岁，所以后给老年人斟酒。中华民族尊老爱幼的传统美德尽在民俗中。

多愁善感的文人，历来与酒结下了不解之缘。"对酒当歌"的曹操、"一杯千日醉"的庾信，以及"竹林七贤"，哪个不是纵酒狂饮。唐代国势强大，政局稳定，经济空前繁荣，文化异常昌盛，诗人名家佳作层出不穷，文人阶层纵酒之风更为盛行，他们以纵酒为消遣，以嗜酒为洒脱。每逢四时八节，必以酒相佐。饮酒时，仍以年少者先喝。此俗没有因朝代更替、岁月流转而被淡忘，反而如陈年佳酿，越来越浓。

"更把屠苏让少年"，屠苏酒成为历朝历代诗人、词人饮岁酒的符号。饮屠苏酒礼让少年之俗在唐诗中多不胜举，其中有趣的是中唐"诗豪"刘禹锡，与大诗人白居易。二人虽然诗歌各自成家，风格迥然不同，刘诗深沉雅丽、精练含蓄，白诗则通俗坦易、辞烦言激，但二人交往甚早，情谊深厚，唱和之作极多。刘有《酬乐天扬州初逢席上见赠》《乐天寄重和晚达冬青一篇，因成再答》《酬乐天咏老见示》等诗作，白有《醉赠刘二十八使君》《元日赠梦得》《答梦得八月十五日夜玩月见寄》……刘、白晚年同居洛阳，过从甚密。有一年元旦，二人相聚，彼此只知年龄相同而不知生辰大小，饮酒时，谁先举杯，互相推让。刘十分高兴，即兴赋诗《元日乐天见过因举酒为贺》云：

渐入有年数，喜逢新岁来。
辰方天籁动，寅位帝车回。
门巷扫残雪，林园惊早梅。
与君同甲子，寿酒让先杯。

（录自蒲积中《古今岁时杂咏·元日》，辽宁教育出版社，1998年版，第14页）

白居易也吟诗《元日赠梦得》云：

暮齿忽将及，同心私自怜。

渐衰宜减食，已老喜加年。

紫绶行联袂，蓝舆出比肩。

与君同甲子，岁酒合谁先。

（录自蒲积中《古今岁时杂咏·元日》，辽宁教育出版社，1998 年版，第 14 页）

两首诗中“寿酒让先杯”“岁酒合谁先”，展示的正是酒让少年之俗。白居易又吟诗《岁假内命酒赠周判官萧协律》云：

岁酒先拈辞不得，被君推作少年人。

（录自蒲积中《古今岁时杂咏·元日》，辽宁教育出版社，1998 年版，第 13 页）

裴夷直《岁日先把屠苏酒戏酬唐仁烈》诗云：

自知年纪偏应少，先把屠苏不让春。

倘更数年逢此日，还应惆怅羡他人。

（录自蒲积中《古今岁时杂咏·元日》，辽宁教育出版社，1998 年版，第 15 页）

成彦雄《元日》诗云：

戴星先捧祝尧觞，镜里堪惊两鬓霜。

好是灯前偷失笑，屠苏应不得先尝。

（录自洪迈《容斋随笔》，上海古籍出版社，1978 年版，第 230 页）

常与“苦吟诗人”贾岛交往酬唱，隐居镜湖以终的唐代诗人方干有诗云：

才酌屠苏定年齿，座中皆笑鬓毛残。

（录自蒲积中《古今岁时杂咏·元日》，辽宁教育出版社，1998 年版，第 18 页）

从汉唐时期这些名人笔墨酬唱佳作的细枝末节上可以看出，无论世事如何变迁，岁旦饮酒让少年之俗不变。降至宋代，依然如此。苏轼有《除夜野宿常州城外》二首，第二首诗云：

南来三见岁云徂，直恐终身走道涂。
老去怕看新历日，退归拟学旧桃符。
烟花已作青春意，霜雪偏寻病客须。
但把穷愁博长健，不辞最后饮屠苏。
（录自蒲积中《古今岁时杂咏》，辽宁教育出版社，1998年版，第477页）

除夜，即除夕，是农历年的最后一天。清赵翼在《瓯北诗话》中说：“东坡才名，震爆一世。故所至倾动，士大夫即在谪籍中，犹皆慕与之交，而不敢相轻。”如此名满天下的苏轼，在月穷岁尽、欢度除夕、迎接新年之时仍入乡随俗，除夕与友人相聚，岁酒让少年。

洪迈在读书札记《容斋随笔》中，考辨经典，厘定典故，旁及经史百家、节庆民俗，颇多创见。他对岁旦饮酒之俗记述尤详，他说：“今人元日饮屠酥酒，自小者起，相传已久，然固有来处。”洪迈曾在朝廷先后任起居郎、中书舍人兼侍读（中书舍人起草诏令，侍读为皇帝讲学），监修过国史，最后官至端明殿学士。他一生涉猎书籍广泛，《容斋随笔》对宋代典章制度记录颇多，史料价值高。他所录岁旦饮酒之俗有较大的参考价值，值得珍惜。洪迈生活于南宋末期，当他提及饮屠苏酒自小起相传已久之时，岁旦饮酒让少年之俗已千余年，但已接近尾声，此时理学之剑高悬，尊老敬老之俗日隆。每年元日，宋孝宗率领皇后、太子、文武百官，穿着朱紫青绿各色朝服，浩浩荡荡入太上皇所居住的德寿宫朝拜太上皇，问候起居，致贺太上皇与天同寿，圣德与日更新。清代康熙、乾隆为老人举行特别庆典，设千叟宴。尊老敬老之风日盛，饮屠苏酒让少年之俗烟消云散，成为文人的历史记忆。

正月中旬动帝京

第三节

一、元宵节春秋

元宵节起源于西汉，定型于东汉，盛行于唐代。

元宵节，又叫灯节或上元节。“一年明月打头圆”，正月十五是新年中第一个月圆之夜，天边一轮明月高悬，地上万点灯火通明，人们趁着新年的余兴，披着早春稍带寒意的轻柔晚风，踏月观灯，猜谜射覆，正是最佳时节。如果说腊八节揭开了年节的序幕，那么元宵节则是年节光彩的落幕。

（一）元宵节的发源地——甘泉宫

正月为元月，夜晚为宵、夕，古代把正月十五这一天称为“元宵”，十五日夜称“元夜”或“元夕”。元宵节历史悠久，文化界大多数学者认为元宵节起源于汉武帝甘泉宫祭太一神。

汉武帝时代是汉文化浪漫情怀发扬光大的时代，充分表现时代精神的象征人物汉武帝，他的一生就是在“且战且学仙”里度过的。他在“外攘夷狄”和“内修法度”上可谓功盖千秋，然而在崇信仙道方面，所施展的“雄才”可谓浪漫又滑稽。他不仅东巡海上，封禅于泰山，向蓬莱找仙药，而且派使者向西探险，寻西王母仙境，求大宛马，欲驾龙（天马）成仙。你看他，成仙之心如此迫切，俄而修甘泉宫，俄而筑建章宫，置三神岛、承露盘，设仙境，求仙药，这些“显赫”的求仙活动排满了他的日程表。当此之时，那些鼓唇摇舌的方士们红运高照，少翁拜文成将军，栾大挂四将军印，尚公主，封乐通侯，贵震天下。一些儒生也竞相仿效，被刘向称为“王佐之材”的公羊学大师董仲舒，也身披法衣登坛求雨。

《元宵同乐图轴》 清·管希宁 故宫博物院提供

正如鲁迅先生在《迎神和咬人》一文中指出，“（董仲舒的）古怪与道士无异”。此时，其他方士更是步其后尘，跃跃欲试。《汉书·郊祀志》记载，“海上燕齐之间，莫不扼腕，而自言有禁方能神仙矣”。《史记·封禅书》《汉书·郊祀志》中此类记载俯拾皆是，方士们熙来攘往，未央宫简直成了“鬼神世界”，变成了方士们冒险的乐园。

《史记·封禅书》《汉书·郊祀志》等记载，汉武帝时亳人谬忌奏请祭祀太一神，称其是天神中最尊贵者，地位在五帝之上。汉武帝“尤敬鬼神之祀”，对太一神虔诚之至，无论得天马还是伐南越，甚至冬至，都向太一神叩头膜拜，祈求天神保佑。其中，以正月十五最为隆重，举行盛大的燃灯会，通宵达旦，正如司马迁在《史记·乐书》中所记载：“汉家常以正月上辛祠太一甘泉，以昏时夜祠，到明而终。”汉甘泉宫在咸阳淳化西北甘泉山。

据《史记》等书记载，甘泉宫一名云阳宫，汉武帝刘彻于建元元年（前140年）在甘泉山秦林光宫旁建成甘泉宫。在此范围内，还营建有高光宫、长定宫、竹宫、通天台、迎风馆、露寒馆、储胥馆等。甘泉宫成了仅次于长安未央宫的重要活动场所。当时，汉武帝把此宫当作西汉皇室的避暑胜地，许多重大的政事也都在此处理。

甘泉宫，现宫殿台基犹存，形似覆斗，远望似墓冢。汉武帝多次到甘泉宫祭祀太一神。司马迁是太史令，掌天文、历法，亦可参与祭祀活动，书中所记录祭祀太一神的信息应是可信的。汉武帝正月上旬辛日于甘泉宫祭祀太一神，用盛大的灯火祭祀，从黄昏时开始到第二天天明结束，灯火彻夜不息。从此形成了正月十五张灯结彩之俗，可以说元宵节张灯之俗源于汉甘泉宫。

1985年，笔者与郭兴文合著《中国古代节日风俗》时提出“甘泉宫是元宵节的破晓地”的论点。此书先后在西安、北京等地六次再版，我们曾一度暗自高兴，自觉视野新颖。之后，笔者穷索文献，又发现远在唐玄宗时，著名的文学家、史学家徐坚撰写的官修类书《初学记·岁时部》首先提出甘泉宫是元宵节发源地，他说，《史记·乐书》记载：“汉家祀太一，以昏时祠到明。今人正月望日夜游观灯，是其遗事。”唐代诗人熊孺登《正月十五日》诗云：“汉家遗事今宵见，楚郭明灯几处张。”岁月悠悠，唐人之说，被湮没了千余年，也被学界忽视了。学到用处方恨少，笔者与郭兴文合著《中国古代节日风俗》时，只是重新呼唤这一论点，得到文化界的认同。今日我们挖掘甘泉宫与元宵节的关系，使之成为淳化县能在全国叫响的名片。倘若把未央宫与甘泉宫的文化资源加以整合，也将大有作为。未央宫是根，甘泉宫是流。弘扬汉文化雄风，唤醒沉寂在《史记》《汉书》中的未央宫、甘泉宫，展现其昔日的风采，亦可借以提高未央区、淳化县的知名度和文化地位。

甘泉宫在汉代的地位应补述几句，宋代龙图阁直学士宋敏求《长安志》引《关中记》记载："林光宫一曰甘泉宫，秦所造……汉武建元中增广之……武帝常以五月避暑于此，八月乃还。"《关中记》是晋代俊士潘岳的作品，潘郎将甘泉宫视为汉武帝的避暑地，是低估了它的。梳理《汉书》，汉武帝、宣帝、元帝、成帝、哀帝都先后临幸甘泉宫祭天。在传统节日礼俗中，当以祭天最重要，《礼记·祭统》记载："礼有五经，莫重于祭。"宣帝、元帝、成帝各祭天五次，哀帝一次。汉武帝偏爱甘泉宫。甘泉宫距长安三百多里，好在武帝好动，喜欢游历，为了敬天神，跑三百里也乐在其中。他在这里"立泰畤"，建"通天台"，驾临甘泉宫计有十二次，其中"夏六月"避暑仅四次，其余八次分别是"春正月"和"冬十月"，祭太一神，召见诸侯王，宴请外国来宾。那时，祭天之天坛（亦称圜坛）周边必山清水秀，是风水宝地。从汉武帝元朔四年（前125年）到哀帝建平三年（前4年）百余年间，西汉皇家在甘泉宫祭祀天神二十多次，这是国家最隆重的大典。皇帝亲自主持国家公祭，有一定的时间，一定的服饰，一定的祭品和仪式，一代词宗作诗赋，大音乐家作郊祀歌，赞美天神，歌咏神灵、祥瑞。文武百官在祭祀前，沐浴洁身，不近女色，不饮酒，不吃荤，以示庄敬。之后，穿节日盛装参加典礼，几万人涌向甘泉宫。当此之时，甘泉宫盛极一时，是汉武帝时代装满故事的第二个政治中心。一座行宫，半部西汉史。它在汉家行宫中知名度最高，其影响力时至今日依然存在，可见甘泉宫的辉煌了。

二、灯俗、灯谜、吃元宵

元宵节源于汉武帝通宵达旦、张灯结彩祭太一神，故元宵节又有"灯节"之名，节日的主要活动是展示与灯相关的内容，灯俗丰富多彩，给节日文化增光添彩。正如《朝市丛载·上元诗》所说：

满城灯火耀街红，弦管笙歌到处同。

真是升平良夜景，万家楼阁月明中。

（录自李家瑞《北平风俗类征上下两册（影印本）·岁时》，上海文艺出版社，第 27 页）

（一）灯俗

元宵节最突出的特点是赏灯、玩灯，灯是元宵节的标识，千百年来人们以“灯节”命名。元宵节处处点灯之俗，凡窗户、箱柜、磨子、碾子、井口、桥上都要点灯，叫“散灯”。关中习俗过了破五（正月初五），送穷、迎财神之后，送灯进入日程，父母给新婚女儿送灯，女儿生孩子也送灯，外爷、外婆要给不满十二岁的外孙送灯，舅舅、舅妈要给外甥送灯，干爸、干妈还要给干儿送灯。民间爱热闹、声望好、关心家乡事业的能工巧匠们摩拳擦掌，组织灯社、筹备灯会。乡间灯会上不仅有各式各样的花灯、宫灯、羊灯、鱼灯、花鸟灯，还有踩高跷、跑旱船、舞狮子等民俗活动，经济条件好的村子还会叫戏班子唱大戏。一般灯会从正月十三起，便拉开元宵节序幕，大多数灯会为期三天，十四日为“试灯”或“玩灯”；十五日为“正灯”或“闹灯”；十六日为“残灯”或“完灯”，这是灯节最后一个晚上，故名“完灯”。也有的地方把十六日“完灯”叫“碰灯”，有民谣曰：“正月十五赛花灯，正月十六灯碰灯，你碰我来我碰你，我送花灯到月宫。”还有的地方把正月十三叫“上灯”或“起灯”，十八日叫“落灯”或叫“圆灯”“谢灯”。全国灯会，以浙江省海宁市硖石灯会最负盛名，灯会期间，人们尽情玩灯。每当夜幕降临，华灯初上，灯会上万盏灯齐放，一派光明，人们纷纷走出家门，扶老携幼，涌上街头，游赏灯会。中国灯会，遍布全国。灯会是民族精神的体现，体现了群众对美好生活的向往、对团圆幸福的祈盼、对家国乡土的热爱，凝聚了家国情感，振奋了民族精神。

唐宋时，元宵节有走马灯，以纸剪为人马之形，粘于纸轮之下四周，轮下有杆，能活动自转，点烛，烛焰驱杆转动，人马随之而转，往来不停，故曰走马灯。唐人称“影灯”。宋范成大《上元纪吴中节物俳谐体三十二韵》记载：“映光鱼隐见，转影骑纵横。”自注“马骑灯”，即走马灯。元代郝经、邓雅、谢宗可皆有走马灯诗。

灯会是中国历史悠久的节日文化，兴于汉，盛于唐，唐宋时期，京城灯会一般三夜或五夜，明代永乐年间延至十天，京城百姓放假十日。正月八日至十八日，在东华门外形成灯市，卖灯的商贩、买灯的顾客、赏灯的市民络绎不绝，热闹非凡。地方灯会同样热闹，其中福建人最重视灯会，明谢肇淛《五杂俎》卷二说：“天

提灯赏梅（选自《月曼清游图册》）清·陈枚　汇图网提供

下上元灯烛之盛，无逾闽中者。”福建方言以“灯”为“丁”，每添设一灯，则俗称为“添丁”。期盼新年人丁兴旺者，便从正月十一日夜就开始燃灯，到十三日晚，家家有灯火，光照如白昼。《五杂俎》记载，那时“富贵之家，曲房燕寝，无不张设，殆以千计，重门洞开，纵人游玩。市上则每家门首，悬灯二架，十家则一彩棚。其灯，上自影珠，下至纸画，鱼龙果树，无所不有。游人士女，车马喧阗，竟夜乃散”。直至二十日晚薄暮，市上儿童即连臂喧呼，名为“求饶灯”，大约至二十二夜灯火方息，灯会长达十夜。

明代灯会兴盛之地，除了福建，还有杭州。杭州地处杭嘉湖平原，是我国古都之一，地理位置得天独厚，湖山秀丽，林泉优美，风光旖旎，经济发达，文化昌盛，人杰地灵，节日文化活跃。据《松窗梦语》卷七记载，元宵节灯会繁盛之地除北京外，若论民俗，杭州最盛。杭州节俗，在正月十五前后要张灯五夜。杭州的灯会久负盛名，元宵前夕，灯市已开始热闹起来，各式花灯展示于大街小巷，有人物、有花草，一盏盏灯，在能工巧匠手中变化万千，展现着丰富无穷的想象。其灯有大小、高低、长短、方圆之别，其故事则有钟馗捉鬼、刘海戏蟾、三国争雄、西游记、封神榜之类；花卉则有兰、菊、玫瑰、牡丹等；兽则有鸾凤、龙、虎、鱼、虾、走马之属；奇巧则有琉璃球、云母屏、水晶灯、万眼罗、玻璃瓶之属。各类灯无不颜色鲜美，妙态纯真，品目殊多，称得上是火树银花不夜天。在这些缤纷的灯会里，有古人的节日文化，包括审美、志趣、祈愿和生活方式诸多方面，汇聚在一起，体现出国人独特的想象力和灯节的繁华热闹。看着古人生动的文献记录，想起江南才子唐寅《元宵》诗云：“有灯无月不娱人，有月无灯不算春。春到人间人似玉，灯绕月下月如银。”道出了元宵灯月相映之妙。

清代元宵灯市依旧热闹，燃灯放焰，连天夜游，只是张灯的时间有所减少，一般为正月十三至十七日五夜。清康熙雍正时期，元宵节张灯，俗称“放宫灯”，十五日为“正灯”，灯火以东西牌楼为盛。节日期间以冰灯最具时代特色，这是满人自关外带来，为艺术界所称道，华而不侈、朴而不俗，望之如水晶，极具观赏性。

北京灯会依然兴盛，《京都竹枝词》云：

火树银花绕禁城，太平锣鼓九衢行。
今年又许开灯戏，贵戚传柑到四更。

（录自李家瑞《北平风俗类征上下两册（影印本）·岁时》，上海文艺出版社，第26页）

可见北京灯会遍布，烛光灯海，吏民纵观，形成节日一景。

而地方灯会除杭州外，以苏州最盛。苏州灯会从宋代以来著称于世。据《武

《新年景图轴屏》局部　清·朱鼎新　广东省博物馆提供

林旧事》记载，元宵节灯会以苏州为最。苏州靠山濒湖，是一个历史悠久的文化古城，为鱼米之乡、园林之域、文萃之邦、工艺之市，人才辈出，苏绣、制扇、玉雕、木刻，在国内外享有盛誉。每逢元宵节灯会，苏州工匠制作的各色花灯精奇百出。他们用松枝竹叶在街道旁扎棚，白天悬彩，晚上燃灯，阊门之内，灯彩遍布，不见天日。除街道张灯结彩外，家家户户燃灯庆祝，呈现出花灯万盏竞巧争奇之盛景。游人以赏灯为名，结伴闲游，通宵不绝。苏州元宵节也有放焰火节目，各家社庙放焰火，集数十架于一处，焰火施发时呈现出一派火树银花、光彩照人的艳丽景象，成为苏州元宵节别具特色的一道风景。

与苏州相比，北方元宵节节俗亦各有千秋，山西、河北一些地方会在元宵节蒸面为鱼、龙、蛇等，放于灯旁，俗称“伴灯”。陕西部分地区，新婚未满一年者，娘家要在正月十四日前送灯，女婿必于十四日悬灯于门口，俗称“倒灯”。渭南、西安等地，元宵节在祖坟上挂灯，称“送灯”或“献明灯”，元宵节一旦发现谁家祖坟上无灯，象征着后嗣无人，民间叫“绝户”。

浙江定海、江苏通州、福建罗源等地灯名颇具地域特色，正月十三日起，家家门前挂灯，时人称“上灯”；江苏宜兴等也是正月十三日起，架木棚、悬灯结彩，俗称“试灯”。“上灯”“试灯”时间起点相同，只是称呼有别。

广东翁源要举行“庆灯”，日子是预先择定的，也有在正月十三或十四日举办的。这一天，凡是去年生了儿子的人家，必得先备花灯。这灯是用竹片做骨架，彩色纸张糊制的，缀有人物小像。纸灯的中间置油灯一盏，把它用红绳吊到宗祠的梁上去，同时敲着锣鼓，放着鞭炮，意思是“灯”愈闹而“丁”愈旺。另外，还得买许多灯，一种叫“鼓子灯”的，必须送给神庙；一种叫“莲花灯”的，得送给观音棚。这天大家要大吃大喝，酒席由生子的人家或宗祠来备办。在举杯的时候，大家要说吉利的颂词：“恭喜，多生贵丁！添丁！添丁！”

潮汕一带的习俗，从正月十一日起，家家户户门前要挂红灯，称之为“起灯”，宗族祠堂也要挂灯。普通人家祠堂挂一至二层，富贵人家的灯屏四至五层，灯屏内容多为历史故事，造型各异，栩栩如生。灯屏上写有挂灯者姓名，供人们观赏比较。到了十八日，挂灯仪式结束，起灯人家把灯从祠堂里携回家，谓之“谢灯”。

在黄河中下游地区，有一种独特的灯会，称“九曲黄河灯”，或称“九曲黄河阵”“跑黄河”“转九曲”。《帝京景物略·春场》记载：“十一日至十六日，乡村人缚秫秸作棚，周悬杂灯，地广二亩，门径曲黠，藏三四里，入者误不得径，即久迷不出，曰黄河九曲灯。”这种灯会在晋陕两地尤其流行，元宵节“以麦秆搭九曲黄河，上簪油灯数百盏。童子笙歌游玩，夜分始归”。

山西沁源还流行一首民谣《元宵黄河》云：“元宵苇席搭神棚，炮火花烟气倍增。游绕黄河三百六，沿途五色纸笼灯。”这首歌谣真实地描写了元宵灯会和转黄河九曲的地域特征。而陕西榆林、延安等地也有正月十五或十七转九曲之俗。陕北转九曲具有大众化的特点，娱乐化强，规模大，讲究多，参与人亦多，声势浩大，热火朝天。每次举办活动，锣鼓喧天，热闹非凡，秧歌、民歌汇聚一处，边走边唱，雄浑的鼓点，嘹亮的歌声，龙腾虎跃的表演，眉开眼笑的观众，场面生动活泼、气势磅礴，让人大饱眼福、感慨万千。

如今在高楼林立的城市里，元宵节似乎没有历史记载中的热闹景象，逛庙会、舞狮子等活动鲜见踪影，好像唯有重头戏灯会和吃元宵了。中老年人有些惆怅地拾起儿时的记忆。其实，元宵所蕴含的浪漫情怀和传统伦理的感召力，在今天有了更时尚的体现。传统的节日活动通过高科技在计算机前自助完成，鼠标一动，浪漫的灯会、神奇的彩灯、气势浩大的转九曲就会出现在屏幕上，我们的传统节日依旧是魅力十足的中华传统节日，不但远播海外，而且有了新的生命力。

传统灯俗以灯会为主要景观，秦淮灯会、姑苏灯会、西藏酥油花灯节、自贡灯会、佛山灯会、海宁硖石灯会、北京上元花灯会等，皆声名远播。20 世纪末，乘着改革开放的东风，城市经济飞速发展，人们的文化生活日益多元、丰富多彩，大江南北各种新兴灯会勃兴，哈尔滨的冰灯会、北京龙庆峡冰灯会、北京燕山灯会、济南趵突泉灯会、成都武侯祠“三国灯会”、西安城墙灯会、烟台山灯会……如今的灯会，既传承了古典、传统的内容，又体现了时代性，借助现代光电技术与新型材料制造出亦真亦幻的灯艺效果，大大地提升了灯会的观赏性，为当代城乡灯会繁荣作出了新的贡献。

（二）灯谜

灯谜是张贴于花灯上（有时系于绳上或墙上）供人猜测的谜语，这是古代文人雅士喜爱的富有民族独特风格的文化娱乐活动。游人一边赏灯，一边猜谜。谜语诙谐、风趣，集知识性、娱乐性、趣味性于一体，让人沉浸其中，颇受人们喜爱。

谜底多着于文字，如一个字，一句诗，一个物件，或一个地名。如关中人常说“端梯子上坟”，打一地名，谜底是“高陵”。又如“雪白一群鹅，湖里来游过，嘴家门前过，杜（肚）家门前落”，打一食品，谜底为“汤圆”。再如“白糖梅子真稀奇，也没核儿也没皮。正月十五沿街卖，过了正月没人提”，打一食品，谜底还是“汤圆”。又如“头戴双尖帽，身穿黑色袍，说话带鼻音，人人听得懂”，打一动物，谜底是“牛”。有些灯谜深奥难猜，一条好灯谜，总有人苦思冥想，盘桓许久，如同老虎难以被射中一样，所以也将灯谜称作“灯虎”或“射虎”“文虎”“打灯”。

灯谜是谜语的一种。南朝梁刘勰《文心雕龙·谐隐》云：“自魏代以来，颇非俳优，而君子嘲隐，化为谜语。谜也者，回互其辞，使昏迷也。”这里所说的

"隐"即"隐语"，或称"庾词"，是谜语的古称。汉代东方朔就善隐语，被班固称为"滑稽之雄"。他曾与汉武帝宠臣郭舍人说隐语于武帝前，深得武帝的信任。到了宋代，谜语成了元宵游戏内容之一。把谜语书笺贴在元宵彩灯上供人猜射，源于宋仁宗时代。据王文濡《春谜大观·序》中写旧籍相传，宋仁宗时上元佳节，金吾放夜，文人学士装点风雅，歌颂升平，拈诗成谜，悬灯以招猜灯谜者。再者，从苏轼与秦观的书信中，从苏轼、秦观、黄庭坚、王安石四人刊印的谜书《文戏集》中，参证《东京梦华录》记载北宋开封的猜谜活动，可以看出灯谜在北宋已勃兴。到了南宋，《武林旧事·灯品》中记载当时苏州节日风俗，"有以绢灯剪写诗词，时寓讥笑，及画人物，藏头隐语及旧京诨语，戏弄行人"。这里的"藏头隐语"即指灯谜而言。《中国地方志民俗资料汇编·华东卷》中引《嘉靖县志》，正月十五日为上元节，先数日卖灯谓之灯市，好事者或以藏头诗句悬杂物于灯中，任人商揣，曰灯谜。自此以后，每逢元宵节，全国各地大都举行猜灯谜活动。

明清相沿袭，灯谜形式多样，内容更加丰富。据明人记载，明太祖朱元璋有一次在上元夜微行观灯，看到有一处灯谜画了一个赤足妇人，怀抱一个大西瓜，人们猜不出是什么意思。朱元璋一看大怒，因为他的马皇后是淮西人，他自己幼年又当过和尚，他怀疑这"怀西瓜"是隐喻淮西，又用西瓜隐喻光头，于是第二天就下令大戮百姓，"空其室"。本为民间娱乐，无意之间招来一场横祸，充分表现了封建统治者的残忍无道。到了清代，康熙、乾隆皇帝也喜欢猜谜、作谜语。《数字谜语》记载，传说乾隆作过一个数字谜语，其词云："下珠帘焚香去卜卦，问苍天侬的人儿落在谁家？恨玉郎全无一点知心话，欲罢不能去，吾把口来压！论交情不差，染成皂难讲一句清白话！分明一对好鸳鸯却被刀割下，抛得奴力尽手又乏，细思量口与心俱是假。"这是一篇男女绝情词，每一句为一个数字，其谜底为"一、二、三、四、五、六、七、八、九、十"。地处长江三角洲的苏州，是元宵节猜谜最活跃的地区。据《清嘉录》记载，每年灯节，苏州人将谜语贴在灯上任人猜，猜中者可获巾扇、香囊、果品等奖品。城中悬灯谜之处，是人群集中之地，"连肩挨背，夜夜汗漫"。时人有诗为证：

一灯如豆挂门旁，　草野能随艺苑忙。
欲问还疑终缱绻，　有何名利费思量？

岁月流转，元宵节日文化活动不断更新，丰厚的文化意蕴依然富含魅力、润泽心灵。近代以来元宵节举办猜灯谜活动频繁，各地叫法不同，但名称中都有一个“灯”字。例如，山西洪洞、江苏高邮，文士们出游看灯猜谜，叫作“打灯”。河北宛平以诗词隐语粘于屋壁，令人破谜，名曰“商灯”。广东各地，做成谜语悬赏，称“灯信”。北京琉璃厂习俗，上元设灯谜谓之“打灯虎”，规模小者叫“散灯”。

如今的猜灯谜活动，谜源宽广丰富，并派生出画谜、书法谜、棋谜、声像谜等形式，从视觉、听觉方面增加形象性和趣味性，更富时代特色。灯谜已不限于元宵节，在一些重大的节日或纪念活动中也常有这一节目，引人注目。人们在工作之余，猜猜灯谜，动动脑筋，丰富文化生活，平添了几分欢乐祥和的气氛。

据《人民日报》（海外版）1999年3月13日报道：南召县每逢灯节，县文化馆都举办盛大的灯谜晚会。不管是城镇或乡村，成千上万的谜语爱好者，有夫妻同行的，有父子搭档的，或投亲靠友，或投店住宿，必来过一把猜谜瘾。节日期间，整个县城街谈巷议不离谜，男女老少行止坐卧在想谜，猜射灯谜成了人们最大的节日快事……后来灯谜晚会移向十里长街，悬挂彩灯数千盏，字谜、画谜、数字谜、外语谜、密码谜、哑谜、回文谜、填字谜、迷宫谜、射复谜、事物谜、综艺谜，琳琅满目，盛况空前。这些五花八门的谜语都是南召人创作出来的，猜灯谜已成为广大群众灯节活动中不可或缺的一道“文化大菜”，每年参与猜谜者达十万之众，形成了一道亮丽的群众文化奇观。

（三）吃元宵

元宵节全国各地喜爱的时令美食是汤圆，亦称元宵。说起汤圆和元宵，不少人认为区别只是名字上的南北差异，实际上不仅是叫法不同，而且其制作工艺也是完全不同的。元宵是包好馅料后放到糯米粉里滚出来的，其表面是干粉，所以下锅后会混汤，吃起来也更有嚼劲。汤圆是用水磨湿粉包制的，用糯米粉包的时候能放入更多的油脂，所以汤圆吃起来口感更软滑细腻。吃元宵，象征全家人团团圆圆、和睦幸福，寄托对生活的美好祝愿。各地吃元宵还有不同的叫法，浙江湖州、海宁一带称为“灯圆”，江苏武进叫“糖圆”，江西永丰称“上元圆”，江苏无锡叫“团圆”。名称各异，内容、做法相近。显然，正月十五这一天吃元宵是共同的特定食俗。

元宵节吃汤圆的风俗始于宋代。《武林旧事·元夕》云：“节食所尚，则乳糖、圆子……及南北珍果，并……澄沙团子……十般糖之类。”当时的汤圆称“浮圆子”，亦称“汤圆子”“浮糖圆子”“汤丸”“汤团”，生意人则美其名曰“元宝”。宋时，汤圆的价格比较贵，宋姜白石有诗曰：“贵客钩帘看御街，市中珍品一时来。帘前花架无行路，不得金钱不肯回。”其中“珍品”即指汤圆。宋末元初时，汤圆已成为元宵节的应节食品，所以人们又称它为元宵。

值得插叙一笔，宋代市场上小贩叫卖元宵之声堪比音乐节，这是宋代节日又一独特之处。据《梦粱录·正月》记载，宋代新年，杭州城“街坊以食物、动使、冠梳、领抹、缎匹、花朵、玩具等物沿门歌叫关扑。不论贫富，游玩琳宫梵宇，竟日不绝。家家饮宴，笑语喧哗”。李开周《宋朝叫卖堪比音乐节，个个都是全能唱作人》一文中说，这里的“歌叫关扑”就是市井吆喝声，小商贩挑着担子，走街串巷，用唱腔叫卖，吆喝出来的声调动听，如同唱歌。不同行业的小商贩会用不同的唱词来吆喝，那些小商贩边走边吆喝，瞬间能用合辙押韵方式，唱出新的曲调、新的唱词，令人叫绝，这是宋代经济繁荣、城市文化生活活跃的体现。宋人爱唱，也爱说唱。据《武林旧事》记载，南宋第二个皇帝宋孝宗过生日，每喝一杯酒，都要听宫廷艺人来一段“口号”。这口号就是顺口溜。才女李清照曾为皇后撰写过口号。

至于“关扑”一词，北宋开封已有。《东京梦华录》记载：“正月一日年节，开封府放关扑三日。”书又引洪迈《夷坚志补》卷八《李将仕》记载：“会有持永嘉黄柑过门者，生呼而扑之，输万钱，愠形于色，曰：‘坏了十千，而柑不得到口。’”从洪迈这一事例可知，所谓“关扑”就是一种促销活动，与后世庙会常见的套圈、扎飞镖售货促销相类似。20世纪50年代初，笔者在故乡县城上中学，常遇见一个卖雪花糕的小商贩，背一个箱子，边走边喊，“雪花糕，雪花糕，没有瓶瓶，拿纸包”，嗓音洪亮，引人注目。

宋代小商贩叫卖吃的，或者出售儿童玩具，其方式是边走边吆喝，即兴填词唱歌。这种“歌叫关扑”形式，直到20世纪中叶还在中原城乡饭店流传。一旦客人进店，点了菜名，饭店服务员转身吆喝像唱歌一样把客人所报菜名唱给后厨，后厨听完吆喝声后，立即行动起来做菜。显然，“歌叫关扑”是一种智慧的促销方式，被人遗忘，令人惋惜。

明清以后，汤圆开始普及，正月十五吃汤圆成为时尚。明代京城在初九后便开始吃汤圆。江南称“汤团”，苏州称“圆子”，杭州称“上灯圆子”。在祭祀祖先之后，家人老小一起享用圆子，取其团圆之意。而在北方，每逢元宵节，人们排队买元宵、吃元宵成为时尚，还有顺口溜：“高楼高，高楼底下卖元宵；元宵圆，元宵不圆不要钱。”大街小巷流行一种“摇元宵”的习俗，将做好的馅心放在大簸箩中的干粉上摇晃，粘上粉，洒水，再摇，越滚越大，最后成形。摇元宵的过程也是一个民俗展示的过程，它为元宵节增添了节日气氛。

《摇元宵》刘杰　绘

宋代京城元宵节食物除元宵外，最受欢迎的是焦䭔。据《岁时广记·咬焦䭔》记载：“京师上元节食焦䭔，最盛且久，又大者名柏头焦䭔，凡卖䭔，必鸣鼓，谓之䭔鼓。每以竹架子出青伞，缀装梅红缕金小灯球儿，竹架前后亦设灯笼，敲鼓应拍，团团转走，谓之打旋。罗列街巷，处处有之。”焦䭔是烧饼一类的食品。从《岁时广记》的文献记录可以看出，宋代京城市民上元节喜食焦䭔，且持续时间相当长，销售焦䭔的小贩遍布街头巷尾，到处都有卖焦䭔的鼓声、盛焦䭔的架子，上面还有装饰灯球、灯笼等节日的时尚物品。销售焦䭔的小贩有节奏地敲鼓，还将竹架子团团转，吸引游人关注。宋代元宵节京城人除了吃焦䭔外，还有“盘飧”。《岁时广记·作盘飧》又记载：“京师上元日有盘丝饭，捣米为之，朱绿之、玄黄之，南人以为盘飧。”这盘飧就是将米饭做成各种颜色，南方人称之为“飧食”。一些地方元宵节也有吃面之俗，江苏仪征、泰县（今泰州市）正月十七落灯吃面，民谚曰：“上灯圆子落灯面。”

元代，来自蒙古高原的蒙古族崇拜月亮，称之为“大皇帝”，视月亮的圆缺以为吉凶，决定行止。他们重视月圆的上元节，每逢上元节，从官员到百姓，男女老幼都要走出家门观赏花灯。据说忽必烈时，每年正月十五，宫廷各处都进糕面、甜点之类节日食品。在大都丽正门外，有一棵树，忽必烈赐名为“独树将军”。每年上元节，大树上面悬挂各色花灯，高低照耀，远望好似一条火龙。据《析津志辑佚·岁纪》记载：“树旁诸市人数，发卖诸般米甜食、饼馓、枣面糕之属，酒肉茶汤无不精备，游人至此忘返。”节日景色蔚为壮观，节日食品颇有时代特色。

元宵作为节日食品最受欢迎的是明清时期，从明代起，元宵成为最喜食的节日食品，无论城乡，人们在元宵节都要吃元宵。满族入主中原，受汉文化影响较大，全盘接受元宵节。每逢元宵节，无论是皇室贵族还是城乡庶民，吃元宵之俗更为广泛。清代的元宵品种丰富多彩，新名称如雨后春笋，在京城和富饶的江南各地涌现。北京的桂花元宵久负盛誉，元宵节前后小商贩挑担沿街叫卖，人们在街头巷尾均可吃到热乎乎的桂花元宵。在江浙地区，苏州的“圆子”、宁波的“灯圆”、杭州的“上灯圆子”，还有湖北孝感的“鹅卵元宵”，都是上元节的佳品。每年元宵节，以元宵祭祀祖先后，一家老小围炉而坐，共享元宵，表示团圆，月圆了，人全了，梦圆了，佳节好比汤圆甜，健康快乐过新年。迄至今日，元宵仍是大江南北群众喜爱、独具特色的节日食品之一。

元宵的节俗意义与岁首密切相关，它在时间上与元日连接，是年节的一个有机组成部分。如果说春节是一台由家庭向乡里街坊逐渐展开的社会大戏的话，那么元宵节就是这台大戏的压轴节目，它是民众情感、意愿、信仰的集中表现。由于是特定时日的特定社会表演，因此元宵之夜在民众社会生活中具有狂欢的意义。

三、元宵节俗多样化

元宵节是年节的狂欢日，不仅有张灯、赏灯、玩灯，还有卜岁、祈子、放偷日、走百病等一系列丰富多彩的节俗，这在古代四时八节中，具有独特的人文意蕴，值得探索。

（一）卜岁

卜岁之俗，由来已久。远在夏、商、周，先民常在岁末或年初占卜新一年农业生产的丰歉，期待来年风调雨顺、五谷丰登，能过上平安好日子。那时，古人用火灼龟甲或兽骨取兆，以预测吉凶，叫卜。占卜时，用具不同，用龟甲或兽骨称“卜”，用蓍草则称“筮”，合称“卜筮”。刻在龟甲或兽骨上的记录叫“卜辞”。《诗经·卫风·氓》记载：“尔卜尔筮，体无咎言。”占卜是古时人神之间的对话，是国家的大事，庶民预卜水旱灾异，卜问庄稼能否丰收，官方占卜重大国事。帝王即位后预测传国的世数叫“卜世”。从事占卜的人叫“卜工”，掌管占卜的官，在西周叫“卜人”。《礼记·玉藻》记载：“卜人定龟，史定墨，君定体。”卜人的长官叫“卜正”。《左传·隐公十一年》记载，“滕侯曰：‘我，周之卜正也’”。战国时，楚国掌占卜的官称“卜尹”；汉因秦制，置太卜官，东汉后并入“太史”；北魏时有“太卜博士”；隋唐时有“太卜令”。

用龟甲、兽骨占卜，在商代十分流行。安阳殷墟出土带有文字的龟甲、牛骨有十多万片，这是三千年前的骨卜记录，故称卜辞。这些卜辞是研究商代历史最珍贵的文献。这些骨卜之俗在青海藏民中，至20世纪30年代仍采用着。他们的做法是：留完整的胛骨风干，削去附筋，用柏叶、藏香烘熏。问卜者正坐火灶前，双手举骨默祷神灵，说明事由和问卜目的，将骨投入火中。少顷取出，以骨炭的裂痕、位置、形象、色泽以卜吉凶、得失、寿夭、行止、祸福。在识别裂痕时需静默，若有外人来，静候其谈话的开头三句，即为骨痕的解释，以定所问事由之休咎。若无人来谈话，则问卜者在骨炭上缠绕一束羊毛，藏于袖底，到他人集会处窃听谈话而定之。蒙古族也用此法。

汉代重视卜岁之俗。天文学家、太史令司马迁在《史记》中为占卜立传，著《龟策列传》，龟策即占卜吉凶的用具。《礼记·曲礼上》记载：龟为卜，策为筮。”即卜用龟甲，筮用蓍草，又称“龟筮”。书中，司马迁重申，圣君明王，三代之兴，蛮夷氐羌的征伐攻击、进军求胜，都是以占卜预知未来，决断疑难、吉凶。《龟策列传》中，司马迁记录了古代人占卜的历史、占卜的方法、占卜的兆象，如“卜岁中禾稼熟不熟”“卜岁中民疫不疫”“卜岁中有兵无兵”“卜居室家吉不吉”“卜渔猎得不得”“卜行遇盗不遇”“卜天雨不雨”“卜天雨霁不霁”。从这些占卜的记录中，可以看出汉代卜岁之俗施展在社会生活各个方面，衣、食、住、行、生、老、病、死，都在占卜之列。它反映了古人企图征服自然，治理社会的信念和愿望。诚然，这是非科学的。

卜岁之俗，进入唐宋随着元宵节大兴，卜岁祈子之俗日盛，此俗下节叙述。

唐宋之后，元宵节卜岁之俗流行更广，在乡间尤为流行，卜岁的方法也多种多样。江苏武进习俗，元宵节这天以“照田财”法卜岁。他们用芦苇绑成一丈多高的火炬，插于田间，以此来占卜，预测新的一年是否风调雨顺，一旦火炬的火色发白，则有涝灾，火色发红主旱。这些预测是民间占卜经验的总结，火炬的颜色与材料、风向、周围环境息息相关。照田财卜岁，是以火卜岁。火是古代各民族普遍信仰的自然神之一，蒙古族有拜火节称“火日”，火可以驱邪，敬火神可避灾。从以火卜岁中，依稀可见古人火神崇拜的心态和影子。类似以火卜岁，在咸阳乾县也有此俗。据笔者的乾县老友介绍，旧时农历正月十三，是乾县人的“黑道日”。这一天晚上，家家户户在自己家门口放一堆干柴火，柴堆下放些纸炮，之后点火，家人争相跳跃，方言叫“燎煌”，人们根据火堆中炮灰颜色占卜来年庄稼丰歉。颜色为红色，则小麦丰收；若颜色为黑色，宜种荞麦，也有好收成。旧时，人们靠天吃饭，农民用这简单朴素的方法，占卜来年粮食是否能丰收，做到心中有数，旨在避灾，力争五谷丰登，能过上好日子。这不是迷信，而是民俗信仰。

民俗有“百里不同风，千里不同俗”之说，节俗也不例外，元宵节卜岁亦如此。与江苏武进、关中乾县卜岁法大相径庭的是山东人以花灯卜岁，俗称“花灯卜”。据《黄河文化丛书·民俗卷》说，山东全省流行一种花灯卜，在元宵节时，摆十二盏豆面灯，分别摆有一到十二个“鼻”，代表十二个月，谓“岁灯”。将这些灯盏放进锅里蒸熟，揭锅时看每个灯盏积水多少，即卜知相应月的雨水多少，知全年旱涝。灯盏注油放芯点燃后，还要看灯花形状，卜知种哪些作物为宜，团的为棉花，散的是高粱，长的是谷子，圆的是豆粒……哪种式样的灯花多，哪种作物就丰收。有不少地方将灯盏做成十二生肖、花卉虫鱼，还点上色彩，真正成为艺术花灯了。河北省南部也有类似民俗事象。山西南部、东南部也有近似“花灯卜”之俗。元宵节那天，做面盏十二个（闰月做十三个）。后蒸熟，视灯盏积水蒸气多少，占卜月之旱涝，预测来年庄稼的丰歉，从这三个习俗看，山东、河北、山西都有“花灯卜岁”之俗，显然，“花灯卜岁”流行广、影响大。

（二）祈子

元宵节，当家家户户踏月观灯时，民间祈子活动正在神秘进行中。元宵节祈子之法花样繁多。其一，入娘娘庙祈子。正月十五是道教天官司紫微大帝的生日，道观都会举行迎神祭祀等一系列法事活动，为民众祈福。娘娘庙是民间香火旺盛的道教庙宇，所供神主是送子娘娘。送子娘娘又称“注生娘娘”，或“送生娘娘”，是掌管生子之神，庙中塑像怀抱娃娃，安详端坐。关中妇女借上元夜良辰美景，趁着新年的余兴，急入庙拜神，烧香叩头念着祈子歌：“娘娘婆，杜二哥，或儿或女给一个，不要刺花坐轿（女）的，单要穿衣戴帽（男）的。”之后，从神龛上取回贡品大枣，让婚后多年不孕或求子心切的女子吃了，以求早生贵子。据说此法常常灵验。其二，拜观音求子。古人有早生贵子早得福的信念，为了早生儿子，以求生命的延续，千方百计求神护佑，“神灵送子”之说常常出现。因地理环境、经济条件各异，祈子的习俗有别，各地送子之神也不尽相同，有娘娘送子，也有地方供奉观音送子。观音是“观世音”的略称，是佛教界化身救众苦难大慈大悲的菩萨，是中国佛教的四大菩萨之一，生日是农历二月十九日，成道日是农历六月十九日，涅槃日是农历九月十九日。南北朝时，寺院中观音塑像始为慈悲博爱的女神。唐代因讳太宗李世民名，故避“世”讳，称观世音为观音。观音在民间有各种不同名称，有千手观音、南海观音、六观音、七观音乃至三十三观音……佛教文献中有送子观音的记载，敦煌千佛洞中有送子观音菩萨的塑像，传说，游客只要围着这尊塑像转三圈，可以保佑他们将来生个大胖小子。无论是娘娘送子，还是观音送子，都是神灵送子，颇有异曲同工之妙。

元宵节还有“麒麟送子”之俗。国人把麒麟视为吉祥、仁义之兽，一些积德行善之家诚拜麒麟，以期生育添丁。民国时期，江浙一带女子结婚一两年不孕者，男方亲朋好友于正月十六晚扎糊一盏婴儿灯，给灯绘上麒麟送子图，敲锣打鼓放鞭炮送到不孕妇女的床边。求子心切的主人急忙以糖、茶招待，喝过茶后，立即将茶碗倒扣，人们相信这样就可以生男孩。江浙人称这一祈子之法为“送耍孩”。北京人还有麒麟送子剪纸，在半鳞半毛的麒麟背上坐着一头大肥猪，怀抱数只猪娃娃，构思奇特，别具一格，神态令人捧腹，招人喜爱。湖南人在元宵节也有麒麟送子之俗。胡朴安《中华全国风俗志》记载，旧时湖南乡俗，妇女结婚多年不生育者，每逢元宵节舞龙灯到主家时，要加送礼物，这样，人们就以龙身围绕妇人一次，又将龙身缩短，上骑一个小孩，在堂前绕一周，此俗谓麒麟送子。所以长沙有《新年记俗》诗云：“妇女围龙可受胎，痴心求子亦奇哉。真龙不及纸龙好，能作麒麟送子来。”

明清时，北京流行元宵走桥摸钉求子之法。元宵节期间，京城妇女穿白绫衫，结队夜行，称“走桥”。走到城门处，手按门钉，传说可以得生子吉兆，称为“摸门钉儿”。那时，北京主管子嗣的神灵，除送子娘娘、观音外，还有碧霞元君。碧霞元君传说是东岳大帝之女，宋真宗在位时封为天仙玉女碧霞元君，为道教尊奉之神，也是送子神仙。

灯会祈子也是明清时常有之俗，如明代北京摸门钉、福建的添灯。据屈大均《广东新语》记载，广州人灯会祈子更为有趣。上元之夜，仕女向东行祈子，用百宝灯供神，夜晚在灯前祈祷取彩头，如果三次筹算获胜，就意味着取得了神的默许，可以取走一盏灯。第二年如果真的生子了，就要“酬灯”，盛宴庆贺。广东各地灯会祈子各有地域特征。清代广东北流于社坛祈子，祈子者要祈于社坛，生子后，在正月初十日献花灯一盏，悬于坛檐。正月十五数数社坛上悬灯之数，就可知道这一街区去年添丁多少了。到了正月十六日晚，望子心切者可以偷走社坛上的灯，去照自家内房，以求子嗣。正月十六祈子，是因北流灯会以十六为盛。北流习俗以十余家为一社，凑钱制灯一盏，周环以玻璃小球，中间彩胜，或麒麟送子，或状元游街，寄托送子之意。这一晚，金鼓如雷，爆竹声此起彼伏，迎灯于社坛之前。而广东海丰元宵节祈子之俗又不同，元宵之夜有“拾灯”之俗。元夕在江上放水灯，人们竞相拾取，得白色灯为得男子之兆，得红色灯为得女之兆。时人有诗咏此俗道：

元夕浮灯海水南，红灯女子白灯男。

白灯多甚红灯少，拾取繁星满竹篮。

（录自屈大均《广东新语》卷九，中华书局，1985 年版，第 300 页）

每当农历正月十五元宵时，江西宜春肖家村的青年都要结伴预祝当年新婚夫妇早生贵子，这一习俗谓之“麒麟送子”。送喜队伍的前面，有一名青年男子手捧长方形木香盘，盘内立放着一兜绿油油的青菜（谐音“才”），旁边立放着两只纸剪的麒麟和一盏长明灯。村里的吹打班子敲锣打鼓、吹起唢呐，霎时形成一长串热闹的人流。送喜顺序严格按照族谱辈分排列，即使年龄较大的、晚婚的，只要辈分低，也要让辈分高的排在前面。送喜队伍每到一家，新婚夫妇即放鞭炮，沏热茶，端花生、糖片、豆子之类的年货，热情招待，家庭富裕者会留下他们喝酒美餐一顿。

惠西成、石子编《中国民俗大观》摘录《清稗类钞》云："广州元夕，妇女偷摘人家蔬菜，谓可宜男，名曰'采青'。……妇女之艰嗣续者，往往于夜中窃人家莴苣食之，云能生子。盖粤人呼莴苣为生菜也。"这就是广州人元宵节吃生菜祈子之俗，这也是元宵节祈子新俗。有些地方元宵节偷瓜祈子。节日祈子之俗，丰富了元宵节的生活气息。

旧时，人们受"多子多福""不孝有三，无后为大"的观念影响，重视子嗣。人们一旦结婚成家，夫妇首要任务是企盼儿女成群、子孙绕膝，许多民俗由此而生，元宵节祈子成为节日民俗中一道鲜明的文化符号，使其更为丰富多彩。

（三）探官茧

唐宋时，当民众欢庆元日佳节，占卜期盼新的一年风调雨顺时，京城皇戚近臣岂能甘于寂寞，置身事外，一些雄心勃勃的达官显贵迫切期盼官运亨通、平步青云。他们于立春、人日或元宵节制作面食，在馅中放置写有官品的纸签或木片，各人自取，以预测来年官运高下，时称"探官茧"。也有人将这一行为叫"茧卜"。也许这探官茧之形状与蚕茧近似，故名。立春是春季的时间标志，人日是人的生日，元宵节又是新年第一个月圆之夜，这三个节日都是吉日良辰，正是占卜官运的最佳时间。《开元天宝遗事·探官》记载：

> （唐）都中每至正月十五日，造面茧，以官位帖子，卜官位高下，或赌筵宴，以为戏笑。

唐代探官茧多在上元节，而到了宋代，更为盛行，立春、人日亦作探官茧。《岁时广记·卖节食》记载："人日造茧，皆上元节食也。"这里的"人日造茧"，即农历正月初七这一天造的探官茧。关于人日、立春造茧之俗，《岁时广记》卷九引《岁时杂记》记载尤详：

> 人日，京都贵家造面茧，以肉或素馅，其实厚皮馒头饺馅也，名曰"探官茧"。又立春日作此，名"探春茧"。馅中置纸签或削木书官品，人自探取，以卜异时官品高下。街市前期卖探官纸，言多鄙俚，或选取古今名人警策句，可以占前程者，然亦但举其吉祥之词耳。灯夕亦然。欧阳公诗云：来时擘茧正探官。

从《岁时杂记》可知宋时人日、上元节面茧叫探官茧，立春面茧叫探春茧。面茧不仅是立春、人日、上元节三个节日的美食，还是官吏占卜官品上下的器具。

佳节做面茧是官场风俗，不是达官豪吏的专利，一些廉正无私的官员也入乡随俗，如南宋文学家杨万里在《上元夜里俗粉米为茧丝书吉语置其中以占一岁之福祸谓之茧卜因戏作长句》中说道："儿女炊玉作茧丝，中藏吉语默有祈。小儿祝身取官早，小女只求蚕事好。先生平生笑儿痴，逢场亦复作儿嬉。不愿着脚金华殿，不愿增巢上林苑。只哦少陵七字诗，但得长年饱吃饭。心知茧卜未必然，醉中得卜喜欲癫。"诗中的金华殿是汉代未央宫内的殿名，后世作为宫殿的通名；上林苑是汉代皇帝春秋打猎的皇家园林。杨万里历仕高宗、孝宗、光宗、宁宗四朝，为政清廉公正，励精图治，竭心尽力，政绩斐然，遇事敢于直言，曾任江东转运副使，任满后离职，官库余钱万缗，他一钱不取而归。上元夜，他以平心静气的心态赋诗、占卜，不攀龙附凤，仅愿"长年饱吃饭"而已。在皇权至上的时代，他是一个有良知的循吏。

宋代茧卜之风盛行，成为欢庆新年的重要民俗活动之一，不仅大小官员做茧卜，市场上还出现销售"探官币"的小商贩。正如上面《岁时杂记》记载，街市前期卖探官币，探官币上印有名人警策句。"警策"是汉魏时代出现的名词，多为激励仕人步步高升的吉祥语。探官币出现于开封市场，是茧卜之风盛行于市场的重要标志。此风的形成，与城市商品经济空前发展、商业都市纷纷兴起、官僚机构不断扩大、社会风气侈靡密不可分。那时市场可分为商品市场和文化市场。商品市场，货物充溢，品种繁多，样样俱全；而文化市场，开封的酒楼茶坊四处林立，其大型高级酒楼有七十二座。这些酒楼不仅供应酒食，也供达官显贵文化娱乐，酒客可以一边饮酒，一边听唱。酒客也可随意命歌妓筵前歌唱。宋代歌妓是以她们的技艺入乐籍，与后世卖身的娼妓不同，她们的歌唱既是侑酒助兴，又是一种艺术表演，供人欣赏。在这些地方出售探官币，颇受纨绔子弟的青睐，被记录于册，成为人们的历史记忆。

（四）放偷日

宋代在举国欢庆元宵节时，与宋对峙的辽、金也有极具民族特色的节庆习俗——放偷日。从实际意义上说，北宋没有实现真正的统一。在它的北边，有契丹族建立的辽政权（916—1125 年）。五代后梁贞明二年（916 年），契丹族耶律阿保机称帝（辽太祖），国号“契丹”，建元神册。太宗大同元年（947 年），辽太宗耶律德光改国号为“辽”。国境东北到今日本海，南到今天津、河北、山西一线与北宋接界，西北至蒙古国中部，与北宋长期对峙。金代（1115—1234 年），女真族完颜部建立的政权，世居于松花江之东，服属辽。宋徽宗政和五年（1115 年），完颜阿骨打统一各部落称帝，即金太祖，国号“金”，年号“收国”，定都会宁（今黑龙江省阿城区南面）。

《辽史·礼志》《契丹国志·岁时杂记》等文献没有把元宵节列入辽朝的岁时节日，与宋代元宵节时间相近的节俗是放偷日。《契丹国志·治盗》记载：“正月十三日，放国人做贼三日，如盗及十贯以上依法行遣，国语呼为呼勒罕必。”就是说从正月十三日开始直至正月十五日，契丹人在这三天期间可以有偷盗行为，并且明确规定了可以盗窃钱财的数目，不能超过十贯钱。十贯以下不予追究，如果超过这个数目，就要依法治罪。这是一种带有嬉戏式的偷盗，从这一特殊习俗中可以窥见契丹作为一个游牧民族，尚保留有原始社会财产共有的遗风。在原始社会早期，私有制还没有出现，财产属于氏族共有，财物实行平均分配。辽人的放偷实际上体现出一种物物共有、不分彼此的社会平等状况，而又明文限定偷盗的数额，这恰恰表现的是契丹社会私有制发展到一定程度的结果。

据游彪、尚衍斌等人所著《中国民俗史·宋辽金元卷》云，女真族的放偷日不是正月十三至十五日，而是正月十六日。宋洪皓《松漠纪闻》记载：

> 金国治盗甚严，每捕获论罪外皆七倍责偿。唯正月十六日则纵偷一日以为戏，宝货车马为人所窃者皆不加刑。是日，人皆严备，遇偷至则笑遣之。既无所获虽图镬微物亦携去。妇人至显，入人家伺主者出接客，则纵其婢妾盗饮器。他日知其主名或偷者自言，大则具茶食以赎（谓羊酒肴馔之类），次则携壶，小亦打糕取之。

金代放偷习俗主要沿袭了辽俗，但金与辽的放偷略有不同：辽俗放偷三天，金俗只正月十六日；辽俗许人偷窃但没有赎还一说，而金俗则加强了赎还这个环节。也就是说，如果所偷器物为原主人所特别珍爱之物，若要赎还，失主应准备美酒佳肴以赎之；次者，失主要“携壶”以赎被偷之物。究其原因，想必各式壶不外是酒、水之容器，是人们日常生活的必需品，用壶来赎被偷之物显然是经过人们长期选择并最终确定的。因为它的功用最实惠，最符合人们居家之用。失主要赎回小物件，至少也要打糕赠与偷者以表示自己想要回物件的诚意。纵观辽、金放偷日的前前后后，它充满了嬉戏、逗闹，给人带来节日的欢乐与愉悦。这种纵宴偷窃的娱乐，倒也透出昔日游牧民族原始社会财产共有的遗风，保留了人们对游牧生活的历史记忆。而失主最终要以各种手段尤其是经济手段来赎回自己的东西，则体现出私有制社会的发展苗头，这是游牧民族逐渐被汉化的结果。

今天，北方的一些地区在一些节日中也有专门让人偷窃的习俗，应当就是辽金放偷习俗的延续。如今晋中的一些农村，在八月十五的晚上，主人要将各式各样的供品摆在院内，将大门敞开，为的是要让那些欢快活泼的孩童可以进到院内偷吃食物，一旦被偷，主人全家会非常高兴，因为这正好说明他们家的财物丰盛，预示来年会获得更大的丰收。这里的“偷窃”并不涉及道德问题，完全是一种喜庆吉祥的节俗活动之一。今晋中还流行一种在月色中“刨土馍”的习俗，即人们趁着夜晚的月光，把食物、果品等东西埋在土里，只能轻轻地覆盖之，以保证食物不被弄脏，便于他人可以将这些东西“偷”走。其实，这其中也有财物丰盛、共享吉祥的含义。由于山西的地理位置正好是北方游牧民族和农耕民族融合的交汇点，曾是辽人生产与生活的重要活动区，所以今晋中的一些习俗很可能与辽人的放偷习俗有联系。

辽、金、元的放偷之俗，对后世是否有影响。游彪在《中国民俗史·宋辽金元卷》一书中说，据《北平风俗类征上下两册（影印本）·岁时》引明人郎瑛《七修类稿》记载：

金与元国俗，正月十六日谓之“放偷”，是日各家皆严备，遇偷至，则笑而遣之，虽妻女车马宝货，为人所窃，皆不加罪。闻今扬州尚然。而燕地正月十六夜之走桥，恐亦遗俗也。

《燕都杂咏》曰：

上元良夜永，灯火畅遨游，

守户劳黄犬，金吾正放偷。

注云：元夕小窃，元时不禁，名“放偷”。

依此可见，元代亦有放偷之俗。至于燕地走桥是防病，与放偷风马牛不相及，非遗俗也。

（五）走百病

在因循守旧的专制制度、封建礼教日趋僵化的明清时期，男尊女卑日益严重。元宵节给了被繁文缛节束缚在深闺大院、社会地位低下的妇女们一个自由空间。清风拂面，月色动人，母女、姐妹、妯娌、姑嫂、婆媳在“火树银花不夜天”的元宵节期间，三五成群，相约结伴嬉游寺观祭拜神灵，或登楼赏月观灯，或出家门走桥玩耍，成了元宵节一道风景。“月上柳梢头，人约黄昏后”的故事常在夜游中上演。《五杂俎》卷二记载：“齐鲁人多以正月十六日游寺观，谓之‘走百病’。”这一习俗，时称“走百病”。“走百病”又称“游百病”“去百病”“散百病”“烤百病”，时间多在正月十六日。

那时走百病以北京最为盛行，每当此时，京城太平鼓彻夜喧闹，或赏月，或猜灯谜，各式杂耍，不分男女聚观游乐。妇女三三两两结伴游乐，正月十一至十六日，或十三至十六日，或八至十八日，她们穿白绫衫漫游京城，在争奇斗艳的花灯中穿行嬉戏，享受一段欢乐美好的时光，传说此举可治腰腿疼，俗称走百病。明周用《走百病》诗云：

都城灯市由来盛，大家小家同节令；
诸姨新妇及小姑，相约梳妆走百病。

（录自李家瑞《北平风俗类征上下两册（影印本）·岁时》，上海文艺出版社，第 33 页）

这时盼了心切的妇女直奔正阳门（今称“前门”，即北京内城正门）摸门铜钉，相传摸门钉拔除不祥，生男婴。地方百姓可到县城门摸门钉。诗人汪琬《汪钝翁全集》中有《走百病行》诗云：

正阳门外芳菲节，月明如雪灯如月；
有灯有月恰宜人，街鼓鼕鼕鸣不绝。
长安女儿最倾城，口脂面泽含芳情；
一生不识长安道，试向灯前踏月行。
怪得年来瘦无力，频邀待诏施方术；
只因未上正阳桥，百病交加减颜色。
白绫衫暖斗蛾新，争从桥畔步纤尘；

走百病摸门钉　刘杰　绘
（仿《古代风俗百图》）

小姑扶嫂姊将妹，恼杀长安轻薄人。
三三五五同游伴，共指腰身祝强健；
终年不赛药王祠，育女生男悉如愿。
从来不怕汉金吾，何况坊司吏卒呼？
归来夜半浑无事，又觅荆箕候紫姑。

（录自李家瑞《北平风俗类征上下两册（影印本）·岁时》，上海文艺出版社，第 34 页）

汪琬这首诗清新流畅，简单几语勾勒出北京妇女“走桥”“摸钉”热闹喜庆的画面，充满了浓郁的节日生活气息，是走百病诗中的上乘之作。京津地区流传，元宵节走一走，一年没有腰腿病。王廷绍《霓裳续谱》中有北京俗曲《正月正》也值得关注：

正月正，呀呀哟，娘家接我去看灯，

问了婆婆问公公，婆婆说去了你早早的回，

媳妇说是，我还要走走百病，

妈妈呀！你也去罢，走走桥儿不腰疼。

（录自李家瑞《北平风俗类征上下两册（影印本）·岁时》，上海文艺出版社，第 34 页）

这首曲子是婆媳走百病前的对话，以平直的内容、平易的语言，道出媳妇期盼已久、即将夜游急切切的心思。文笔简易，画面感十足，生动传神，婆媳欲夜游的喜悦心情呼之欲出，演绎了人间烟火的人情味，是一首好曲子。以此可见，元宵节是年文化之树上鲜艳夺目的花朵，是传统节日中长盛不衰、永远唱不完的美妙歌。

走百病之俗，在清代至民国初年在一些地方依然流行，但时间、地点、走的具体形式各地不同。据《黄河文化丛书·民俗卷》说，宁夏平罗一带，正月十六

走百病上城头　刘杰　绘
（仿《古代风俗百图》）

日夜，妇女结伴游灯市，要以所携之麻挂灯上。甘肃临潭、西和一带，走百病形式是执香烛赴各庙上香。陕西关中地区，这日载酒外行，尽日游览。山西榆次是妇女在十六日成群外出上坟。河北威县地区，是男女登城墙远眺，四乡妇女还要相伴进县公署瞻望知事夫人，俗名“看太太”。许多地区有于此日过桥之俗。福建元宵节有十夜灯会，富人家妇女乘轿出行，贫者步行，从多座桥上经过谓之“转三桥”。河南祥符地区讲究男女宵行，必渡桥才罢。清乾隆《新郑县志》记载，新郑上元，“男女盛饰，昼则登山走百病，夜过桥度厄，谓免腰疾”。另外，在甘肃漳县、和政一带，有元宵夜燃爆竹、送火炬上山之俗，称为“热游星”或“送火”。实际上，这乃是变相的走百病风俗，都是借元宵节之良辰美景，融娱乐与散步为一体，以达到心情欢畅、强身健体的目的。

陕西临潼、安徽寿春、山西大同、江苏江宁、四川成都、河北蔚县，男女都离家出游，仍叫“走百病”。云南征江，老小相偕出游，还得插香在路旁。吉林民间妇女群步平沙，或空地打滚，说能“脱晦气”。戴永夏《凡俗雅韵》云，河南、山东交界地农村把走百病叫“烤百病”，正月十六日，村里青少年奔向田野，在种过豆子的地里拔取收豆子时留下的豆茬，将它一堆又一堆放在村中，到了夜里便点起来。这时全村男女老少一齐赶来，围着火堆转。孩子们跳跳蹦蹦高唱：

前烤烤，后烤烤，身上百病都烤掉。

前烤烤，后烤烤，绊倒拾上大元宝。

节日期间，让妇女走出家门聚集游乐，欢度一个美好欢愉之夜应是良风美俗，值得大写一笔。

（六）迎紫姑

中国古代的宗教信仰为多神教，人们从现实功利的角度出发，认为有功于人的祖先，有功于人的自然界的天地、日月、星辰、山川，以及与日常生活关系密切的动物、植物等，都可以变成神，连厕所这肮脏污秽之处，居然也有“厕神”，人们年年元宵节祭祀、占卜吉凶、祈求幸福，盼望得到诸神的恩惠。

古代厕神叫紫姑，紫姑亦作“紫女”“子姑”“三姑”或“坑三姑”。南方称“紫姑”或“戚（七）姑”，北方称“厕姑”或“坑三姑”，也有的称“三姑”。

迎紫姑之俗，始于南北朝。《荆楚岁时记》记载：“其夕（元宵节），迎紫姑，以卜将来蚕桑，并占众事。”该书又引南朝刘敬叔著《异苑》说，紫姑本来是一户人家的小老婆，因被大老婆嫉妒，于正月十五日气愤而死，所以人们在正月十五日做出紫姑的形象，在厕所或猪圈边来迎接她，如果手中紫姑的形象变得重了些，那就是厕神来了。何人是紫姑，文献记载不一。《古今图书集成·神异典》卷四十引《显异录》记载：“紫姑，莱阳人，姓何名媚，字丽卿。寿阳李景纳为妾，其妻妒之，正月十五，阴杀之于厕中，天帝悯之，命为厕神。故世人作其形，夜于厕间迎祀，以占众事，俗呼为三姑。”从《荆楚岁时记》《异苑》《显异录》等文献记录看，紫姑可以占卜蚕桑，蚕桑又是村妇主业之一，所以元宵节这天主妇将厕所打扫干净，夜晚在厕所或猪栏边点上灯或火把，焚香烧纸奠瓜果，作揖跪拜，祈福合家、卜问蚕桑及家事吉凶，时称“迎紫姑”。

迎紫姑之俗传入隋唐，隋杜台卿《玉烛宝典》云，元宵“其夜则迎紫姑以卜”。晚唐诗人李商隐《上元夜闻京有灯恨不得观》诗云：

月色灯光满帝都，香车宝马隘通衢。

身闲不睹中兴盛，羞逐乡人赛紫姑。

（录自蒲积中《古今岁时杂咏·上元》，辽宁教育出版社，1998年版，第82页）

这首诗前两句描绘唐长安上元夜京都热闹的观灯景象，诗人身虽悠闲却看不见中兴的胜景，羞愧自己只能在乡下随乡人祭祀厕神紫姑。从诗中可看出唐代迎紫姑之风流行不已。

宋代科学家沈括在《梦溪笔谈》也讲：“正月望夜迎厕神。”

苏轼在《东坡集·人物杂记》中对紫姑的身世记录较《异苑》进了一步：

三姑曰：妾本寿阳人，姓何，名媚，字丽卿，父为廛民，教妾曰：“汝生而有异，它日必贵于人。”遂送妾于州人李志处修学，不月余，博通九经。父卒，母遂嫁妾与一伶人，亦不旬日，洞晓五音。时刺史诬执良人，置之囹圄，遂强取妾为侍妾。不岁余，夫人侧目，遂令左右擒妾，投入厕中……“甚时人？”三姑云：“唐时人。”又问：“名甚？”三姑云：“见一有所主，不敢言其名。”又问：“刺史后为甚官？”三姑云：“后入相。”

又问："甚帝代时人？"姑云："则天时。"

这位厕神始终没有说出那位刺史的姓名。

干宝撰、王绍楹校注《搜神记》云：

厕神者，莱阳县何氏女……李景纳为妾，其妻妒之，遂阴杀之，置其尸于厕中，魂绕不散，如厕，每闻啼哭声，时隐隐出现，且有兵刀呵喝状。自是大著灵异。

明代以后，由于程朱理学的"男女有别"，打扫厕所成为妇女的工作，而厕神相对来讲与妇女关系也大一些，于是厕神成为妇女的神，迎厕神、卜隐事也是妇女们的事了。如明熊孺登《正月十五夜》诗中描绘说："深夜娇歌声绝后，紫姑神下月苍苍。"孔清江《上元诗》云："群儿嬉戏尚未寝，更看紫姑花满头。"王崇简《王正谱俗竹枝词》云：

迎得神姑深闭门，殷殷击鼓一声喧；
含心暗欲前来卜，姊妹多猜难不言。

（录自李家瑞《北平风俗类征上下两册（影印本）·岁时》，上海文艺出版社，第23页）

旧时迎紫姑之俗已普遍了，祷紫姑者多为妇女、姑娘。或制一个女孩，身披女服，象征紫姑；或供一个簸箕。十五夜深人静时，恭敬祭祀。传说心诚，紫姑就会降临。妇女请紫姑，多是卜本年之丰歉；姑娘请紫姑，多是卜婚姻，请紫姑赐一个如意夫婿。诸如此类的占卜活动还有许多，迎请紫姑的地点各地虽不尽相同，但大都在厕间，且多以"厕"为紫姑命名。如广东曰"请厕坑姑"；杭州曰"召厕姑"；苏州、绍兴称"坑三姑娘"；苏州有些是在门角边迎请，故叫"门角姑娘"；绍兴有的是在灰仓里迎请，故称"灰接姑娘"；江西用瓜瓢象征紫姑，称"瓜瓢姑娘"；浙江宁波称"筲箕姑娘"；海宁叫"箩头姑娘"；还有称"箸帚姑""针姑""苇姑""茅池姑娘"者；湖北监利、陕西凤翔等地则直呼紫姑。总之，因各地迎请的形式、地点、习俗、物象之不同，紫姑有种种不同名称。

再如河北永定称"邀厕姑"；江苏苏州说"接坑姑娘"，不许男人们参加；

江苏无锡叫“祭扛门臼姑娘”；福建厦门称“祭娘娘”，由五岁到十六岁的姑娘们备了花生、柑橘、菜饭和鸡头，到厕所去祭紫姑，各人要做一只很小的布鞋子，祭完了把鞋子焚化，将鞋灰用菜叶包好，然后抛到厕内，以供娘娘享用。

旧时民间对紫姑的信仰很普遍，也许对于今人来讲是一件不可思议的事。厕所是泄秽之地，自然也是藏污纳秽之地，许多疾病就是以厕所为媒介而产生的，古人认为是厕所中的“百鬼”所捣的鬼。据《荆楚岁时记》记载，人们定期于正月的末日做很大的火把照亮厕所，以驱走“百鬼”。因此，厕神的产生是古人有常打扫厕所的习俗，于是这一天被定为迎厕神的祭祀日。可以说厕神是古人讲究卫生防疫而产生的神。

迎紫姑之俗是农耕文明的产物，我们今日回忆它是对先民生活方式的敬畏。随着社会发展进步，人们的生活方式不断科学化，迎紫姑之俗已渐渐淡去了，人人讲卫生，防疫更科学化、制度化了。

四、元宵节的文化价值

春节最热闹的节日，不是除夕，也不是元旦，而是正月十五元宵节。如果说除夕夜震天动地的鞭炮声拉开春节喜庆的大幕，那么元宵节又以绚丽多彩的花灯、绽满夜空的礼花给春节以欢乐的谢幕。

（一）神秘礼仪变为大众娱乐

元宵节是宗教信仰的产物。

汉代是多神教信仰的时代，汉武帝采纳了亳人谬忌奏请“祠太一”的建议，在甘泉宫祭太一神，从正月上辛日黄昏开始通宵达旦地在灯火中祭祀。亲自参加祭祀大典的太史令司马迁在《史记》中写道：

> 汉家常以正月上辛祠太一甘泉，以昏时夜祠，到明而终。有流星经于祠坛上。使僮男僮女七十人俱歌。春歌《青阳》，夏歌《朱明》，秋歌《西皞》，冬歌《玄冥》。

从司马迁这段文字记录可以明显地看出汉代祭太一神是国家大典，时间在正月上旬辛日之夜举行。

燃灯　莫高窟第146窟北壁（五代）　敦煌研究院提供

东汉时，元宵节与佛教始交融。东汉明帝永平十年（67年），蔡愔从印度求得佛法归来，正月十五日，是上元天官赐福的良辰，于是明帝下令正月十五日夜，在宫廷和寺院"燃灯礼佛"。汉武帝放灯火祀太一神，与燃灯礼佛相互融合，流传到民间，正月十五日夜城乡灯火辉煌，昼夜通明，士族庶民，一律张灯，形成了一个中西合璧独特的灯节，又称元宵节。神秘、盛大的祭祀礼仪、夜游观灯是元宵节的原生态。

光阴荏苒，到了隋唐，社会经济发展，国力强盛，百姓生活富庶，节日文化进入裂变时期，元宵节原来的神秘仪式日渐淡化，向娱乐性演变，成为佳节良辰，昔日祭太一神的灯火成了人们变着戏法游玩的花灯，节日习俗为之一大变。这是节令史中值得关注的一个重大课题。

（二）节日文化的价值

正月十五是新年第一个月圆之夜，皓月高悬，彩灯万盏，如此良辰美景，令文人墨客诗兴大发。"谁家见月能闲坐，何处闻灯不看来""新年第一佳节，谁肯入瓮闭月眠”。每当此时，人们成群结队地涌上街头，观灯赏月、猜灯谜，连平日不出家门的妇女在这上元佳节也打破日常的约束，也要走出家门，或赏灯，或逛庙会，或游玩。那响彻元宵的爆竹，满街长长的高跷队伍，活泼欢跳的舞狮，飞舞冲天的巨龙，五彩斑斓的礼花，成为节日里不同寻常的一道风景。

“欢乐无穷已，歌舞达明晨”。无论是长安古城，还是西子湖畔、秦淮河边，人们再次把春节的喜庆气氛掀至顶峰。在我们的传统节日中，元宵节的文化价值在于它是全民的狂欢节，人人参与，乐在其中。

古代元宵节由于开禁，人流如织，男女相遇，易于产生爱情。即使在礼法制度严密的宋明时期，也是如此。如约元宵节，相会在今宵。北宋欧阳修（一说宋代女诗人朱淑真）在《生查子・元夕》中写道：“去年元夜时，花市灯如昼。月上柳梢头，人约黄昏后。今年元夜时，月与灯依旧。不见去年人，泪湿春衫袖。”南宋辛弃疾在《青玉案・元夕》中写道：“蛾儿雪柳黄金缕，笑语盈盈暗香去。众里寻他千百度，蓦然回首，那人却在，灯火阑珊处。”千百年来元宵节上演过多少两情相悦的爱情故事，不胜枚举。

（三）元宵节的影响

节日文化是没有国界的，春节如此，元宵节也不例外。

元宵节是传承了两千多年的古老节日，随着国家实力不断增强，元宵节的节日习俗也吸引了更多国家关注。元宵节在华人中影响很大。越南、马来西亚、新加坡等东南亚地区华人多，庆祝元宵节活动十分热闹，尤以新加坡最盛。新加坡是众多华人聚居地，元宵节时许多人会举行各式各样的花灯游行，信仰佛教的信众去寺庙祭拜，为新年祈福。受元宵节影响，韩国也将正月十五作为节日，称作“正大望日”，意为“望满月”。这一天，韩国人虽不吃元宵，但却将高粱米、小红豆等杂粮做成“五谷饭”。在韩国农村还有“烧月亮屋”之俗，圆月升起后，人们用手中火把点燃“月亮屋”，围着火堆欢歌舞蹈。

全民狂欢的节日，一旦为国际社会所关注和接受，民族节日文化一定会屹立于世界文化之林。

唯有民族的才是世界的。

第三章

汉风唐韵清明时

清明节既是以物候为标志的二十四节气之一，又是慎终追远的节日，也是踏青游春，感受生命、享受春光的吉日良辰。它不仅在汉族地区流传，满族、苗族、白族等24个少数民族也过清明节。“海纳百川，有容乃大。”清明节是一个多元文化负载的节日。

清明时节话扫墓

第一节

众所周知，传统文化的大树，在民间的土壤里深深地扎下了根，埋藏着生命的古老基因。清明节文化正是以传统文化为根系，传承远古祖先崇拜习俗才得以绵延。阳春三月，桃红柳绿，又到了缅怀先祖、为亲人祭扫坟墓时。古代把封土隆起成丘的叫坟，无封土的叫墓。在坟前祭奠亡亲，以寄托哀思，时称“墓祭”，或称“扫墓”。扫墓的历史远比人类的历史年轻，它是人类社会发展到一定阶段的产物，经历了从无到有，从简单到复杂的演变过程，并逐渐约定成俗，成为中国忠孝文化的载体，使其在传统节日体系中具有不可替代的地位。

一、扫墓之俗始于周

扫墓之俗，商代已见端倪，但作为风俗与西周祭祖活动密不可分。西周时重视葬俗，设冢人、墓大夫分别掌管王、侯、卿大夫、士的公墓和庶民聚族而葬的邦墓。《周礼·春官·冢人》记载：“凡祭墓，为尸。”“尸”就是墓主。可见早在西周时已有祭墓之俗。而《礼记·檀弓下》记载颜渊与子路的对话中，曾提及“哭墓”“展墓”“式墓”，前两者就是扫墓，而“式”即“轼”，即车前扶手横木，轼墓就是凭借车前扶手横木向坟墓行礼，以示敬意，自然属于扫墓的范围。《孟子·离娄下》中，记述了一个为人所耻笑的齐国人，出身贫贱，每次外出归来必酒醉饭饱，栖守寒舍的妻子问其吃喝的缘由，他总是骄色满面地夸耀说与某某贵人饮酒食肉，但从来不见贵人来访，引起了妻子的怀疑。有一天出门，其妻暗中尾随，想看个究竟，发现这位男子汉轻车熟路地直奔东郭墓地，低三下四地向祭扫坟墓的人乞食残羹剩饭，吃饱之后又洋洋自得地返回家中。孟子所讲的虽然是一个寓意深刻的讽刺笑话，但从中可知，战国时期民间已有上墓祭祀的习俗。

二、汉魏时官吏扫墓以为荣

扫墓习俗以传统文化为根系，传承远古祖先崇拜习俗，寄托了我们对先祖的怀念感恩、对先贤的敬仰，是一个凝聚民族情感的活动。汉代扫墓之俗十分盛行，朝野之间对此都极为重视。清初学者顾炎武《日知录》卷十五记载，汉人以宗庙之礼移于陵墓，有人臣而告事于陵者，有上冢而会宗族故人及郡邑之官者，有上冢而太官为之供具者，有赠谥而赐之于墓者，有人主而临人臣之墓者，有庶民而祭古贤人之墓者，“人情所趋，遂成习俗”。汉代扫墓的风俗注入了礼俗的内容。《后汉书·明帝纪》注引《汉官仪》记载：“古不墓祭，秦始皇起寝于墓侧，汉因而不改。诸陵墓皆以晦、望、二十四节气、三伏、社、腊及四时上饭。”这是当时供奉帝陵的礼制。西汉时，民间普遍流行墓祭，常常是夫妇一同到祖坟祭奠亡亲。《汉书·朱买臣传》记载，汉武帝近臣朱买臣早年家境贫寒，靠打柴糊口，他甘于清贫，经常背负柴耕“歌呕道中”，自得其乐。和他一起卖柴的妻子感到丢人现眼，多次劝他不要这样，他却我行我素，“愈益疾歌”，其妻一怒之下离他而去，另嫁他人。后来朱买臣“独行歌道中，负薪墓间，故妻与夫家俱上冢，见买臣饥寒，呼饭饮之”。《汉书·严延年传》记载，汉宣帝时酷吏严延年从长安跋山涉水，不远千里归东海为亡亲“埽除墓地”。这里“埽”通“扫”，即为亡亲扫墓。有的达官显贵上冢时兴师动众，在墓地举办酒宴，招待和会集宾客故旧，把上墓祭祀作为团结和发展宗族势力的重要手段。东汉开国皇帝刘秀以孝立国，提倡扫墓。《后汉书·光武帝纪》记载，建武六年（31年）四月，光武帝亲赴西京长安“始谒高庙，遂有事十一陵，躬祭于墓边”，祭扫西汉帝陵。他还鼓励部下衣锦还乡，拜祭祖坟。北宋邵伯温在《闻见录》中谈道：“汉光帝初继大业，诸将出征有乡里者，令拜扫以为荣。”当时上行下效，扫墓之风大兴。汉明帝改革礼制，将民间广为流行的墓祭之俗移植于先帝陵寝，率公卿百官在刘秀的原陵举行隆重的朝拜和祭祀仪式，创立了“上陵”之礼。永平二年（59年）十月，西巡狩十一陵。汉人把祭扫祖先坟墓看得很郑重，所以《论衡·四讳》记载，时人因犯罪判刑者不可上祖坟祭扫。

从上述史料中我们可以看出：无论朱买臣故妻上冢，还是酷吏严延年东归墓祭，或是汉光武父子西巡祭十一陵，他们的扫墓尚未与清明节联系起来，民间扫墓一般没有统一固定的时间，随意性很大。

不过那时文士社会群体觉醒，自我意识解放，新风尚萌生。汉末在太原郡，为纪念春秋晋国名臣介子推，兴起以禁火、冷食、扫墓为主题的寒食节，如今演变为全国性的节日。正如唐代诗人卢象《寒食》诗云："四海同寒食，千秋为一人。"

魏晋南北朝时期，社会分裂，军阀割据，烽火连年，尽管如此，但人们对扫墓之风依旧重视。许多在职官员，常请假回乡扫墓。《魏书·高阳王传》记载："任事之官，吉凶请假，定省扫拜，动辄历十旬。"他们请假回乡扫墓，一去就达百日之久，在他们看来祭扫祖坟似比为官参政还重要。

三、唐宋时代万家车马齐扫墓

岁月如梭，到了唐代，每逢寒食节，从达官显贵到庶民百姓都要拜扫祖坟。《旧唐书·玄宗纪》记载：唐开元二十年（712 年）五月下诏，"士庶之家，寒食上墓，宜编入五礼，永为恒式"。《唐会要》记载，开元二十四（736 年）下令寒食、清明放假四日，唐代宗时放假五日，唐德宗放假七日，唐穆宗时下诏出城扫墓"不限日数"。这是中国最早的春游黄金周，假日的重要任务是扫墓。唐玄宗基于以孝治天下的政治文化理念，又以帝王之尊，把寒食扫墓用诏令的形式确定下来，列入五礼之中，被编入《大唐开元礼》，成为国家礼制的一部分。扫墓从此成为寒食节的核心主题。柳宗元《与许京兆书》记载，每逢寒食节到来，"田野道路，士女遍满，皂隶佣丐，皆得上父母丘墓"。当此之时，上至帝王将相，下至贩夫走卒，都去扫墓，田野道路布满上坟的士女、佣丐等各个阶层的人物。日本僧人圆仁在《入唐求法巡礼记》所载"寒食节，前后一日，都三日暇，家家拜墓"。寒食节扫墓具有广泛性、群众性。那时，官府、民间如此，连寺院也要祭拜已圆寂的高僧大德，扫墓成为唐代寒食节最亮眼的一道景象。

寒食后一二天是清明。寒食节扫墓，清明节亦扫墓。提及清明扫墓，人们都会异口同声地吟咏长安诗人杜牧那首《清明》诗："清明时节雨纷纷，路上行人欲断魂。"尽管这首诗是诗人被贬官任池州刺史时写下的，但他把唐人扫墓的情景刻画得淋漓尽致，最富人情味，是对清明扫墓习俗的最佳诠释。在中国节令史上，杜牧是悟透清明真谛的第一人。而描绘长安清明扫墓的力作当推顾非熊的《长安清明言怀》，诗云："九陌芳菲莺自啭，万家车马雨初晴。"描写京城"万家车马"的扫墓大军，在"九陌芳菲"的清明节里，是何等喧嚣。诗人白居易每当清明来临时，都写有脍炙人口的诗章，其中《清明日登老君阁望洛城赠道士》一诗十分出彩，他写道：“风光烟火清明日，歌哭悲欢城市间。”千年之后读之，仍让人动容。这些独具风格的传世佳作，造就了清明节独特的文化魅力。

值得关注的是，唐人已将清明、寒食并称。唐明皇李隆基《初入秦川路逢寒食》诗云：“可怜寒食与清明，光辉并在长安道。”唐玄宗时诗人韦应物《寒食》诗也说：“清明寒食好，春园百卉开。”尽管唐人把清明、寒食并称，仍有学者说唐代重寒食，此说笔者未敢苟同。帝都长安有尚清明之俗，盛唐诗人孟浩然《清明即事》诗云：“帝里重清明，人心自愁思。”帝里即京都长安。这是长安重清明习俗的真实写照，莫让历史长河冲淡帝都这一节日风尚。

寒食、清明扫墓之俗警示后人不要数典忘祖，这一习俗被唐玄宗定为国家常礼，一千三百多年以来，祭思不断，根脉不断，成为中华民族共同认祖归宗的纽带，也成为中华文化的一个重要载体。

墓园　莫高窟第454窟窟顶东披（宋）　敦煌研究院提供

到了宋代以后，清明节俗基本上是沿袭了唐代。据《东京梦华录》记载：“凡新坟皆用此日拜扫。”皇帝禁宫提前半月就发宫人车马朝拜诸陵，宗室的近亲也分别遣人到诸陵坟行礼。《梦粱录》亦记载每至清明“官员士庶，俱出郊省坟，以尽思时之敬”。其所以如此，在于尊祖、敬祖，借以表达慎终追远的孝思。

四、明清时扫墓仪式多样化

明清时期，尤其是清代，扫墓的习俗更为普遍，扫墓仪式多样化，一般应备丰盛的美酒佳肴，携至墓地，献在亡亲坟前，供祭奠。《帝京景物略·清明节》记载：

> 三月清明日，男女扫墓，担提尊榼，轿马后挂楮锭，粲粲然满道也。拜者、酹者、哭者、为墓除草添土者，焚楮锭次，以纸钱置坟头。望中无纸钱，则孤坟矣。哭罢，不归也，趋芳树，择园圃，列坐尽醉，有歌者。哭笑无端，哀往而乐回也。

文中对扫墓的全部过程作了详尽地描述，包括跪拜、酹酒，除草添土、焚烧楮锭、挂置纸钱、饮酒作乐等，展示出一幅古代民间墓扫的全景图。

除清明墓祭外，古人还常常于春分、中元（农历七月十五）、冬至、年终岁暮、忌日等时节祭祀列祖亡亲，或祭于墓，或祭于家，各地风俗不尽相同。也不像清明节那样举国行祭，祭祀的仪式也远不及清明节隆重。

清明诗（一）

米兰

清明将至泪无声，难忘父母养育恩。

挥之不去多遗憾，来世报答吾双亲。

清明祭（二）

米兰

又是一年清明节，茫茫旷野来祭奠。

忆童年，泪满面，双亲笑貌在眼前。

长安水边多丽人

第二节

清明时节，春光明媚，杨柳吐丝，绿草如茵。大自然一扫冬日枯黄之景，以风清景明拥抱慎终追远、心念感恩的人们。

古人游春之俗到了唐代进入高潮，尽管唐人有祭祖不许欢宴的戒律，但他们言行较少拘束，加之传承上巳节之习，在扫墓之余，便会与好友结伴到郊外踏青。风流儒雅之士或烹茗饮宴赋诗，或携歌女舞姬游玩，或策马探访杏林名园；仕女游春，或打秋千，或放风筝，或斗百草，或斗茶，或插柳，尽情享受春光之美的生活情趣。

杨柳荡千（选自《月曼清游图》册）清·陈枚　故宫博物院藏

过去文化人关注清明游春之事，鲜有学者研究寒食节京城踏青风俗，武元衡《寒食下第通简长安故人》诗云：“寒食都人重胜游。”武元衡在唐德宗、唐宪宗时任要职，两度为相，在京城生活几十年，他以诗人独特的视角记录下长安人“重胜游”这一节日习俗，填补了京城节俗一项空白，资料珍贵，值得文化学者关注。

唐代长安吏民郊游首选地是曲江，曲江因水流曲折颇似广陵江而得名。盛唐时曲江占地十多顷，紫云楼、芙蓉园、慈恩寺、杏园等名胜荟萃，园内碧波荡漾、花卉环绕，是京城最负盛名、游人聚集的好去处。杜甫、白居易、元稹、韩愈等诗坛大腕常去曲江郊游。白居易诗友元稹在《和乐天秋题曲江》诗中说，他们二人郊游“长安最多处，多是曲江池”。清明曲江踏青更是京城一大盛事。杜甫《丽人行》诗云：“三月三日天气新，长安水边多丽人。”正是描绘曲江春游的千古绝唱。王维也有《三月三日曲江侍宴应制》的名诗传世。据唐末康骈在《剧谈录》中记载，每年三月上巳举行曲江游宴，皇帝赐宴文武百官，百官以赴宴为荣。白居易在《上巳日恩赐曲江宴会即事》中描绘去曲江游乐，欣赏皇家乐舞，品尝皇家茶点，让他深感荣耀，“荣降天上，宠惊人间”。

唐长安城南又是一著名游览地。这里神禾、少陵诸原高低起伏，山清水秀，风景如画。达官显贵修筑的山庄、别墅星罗棋布。唐高宗的女儿太平公主，唐中宗的女儿长宁公主、唐玄宗时宰相李林甫均在这里建有别墅。诗人岑参、韩愈、元稹等人也在这儿有别墅，杜甫困居长安时郊游足迹遍及城南名胜。文人对城南情有独钟，因而留下的逸闻趣事多多，其中以崔护作《题都城南庄》而得佳偶的风流韵事最为有名，这个颇具传奇色彩的故事在三秦大地妇孺皆知，广泛流传，又被编成《金碗钗》《人面桃花》等剧目，久演不衰。

清明节是一个悲喜交集的日子。如果说祭亡寄托了我们对祖先的怀念感恩、对先贤的敬仰，那么踏青郊游则亲近自然，愉悦身心，感悟新生，加深友情。清明节是一个给人惆怅与希望的节日，又是一个凝聚民族情感的节日。

《斗草图》明·陈洪绶　汇图网提供

鲜花祭祀倡新风

第三节

清明之名在《诗经》《逸周书》《管子》等书中屡有所记，而列入时令、历法，始见于《太初历》。成书于这一时期的《淮南子·天文训》记载："春分后十五日，斗指正，则清明风至。"可知远在汉武帝时代，富有人文意义、包含特定活动的清明节，便定在春分后的第十五日。作为传统节日的清明，晚于节气的清明，节日时间也晚于寒食节一天或两天。

节日文化是一条自远古流来并流向未来的长河，每个时代的人都会赋予它一些新元素，使其日益丰富。在唐代已将上巳、寒食、清明节俗转向娱乐性。王维《寒食城东即事》诗云："少年分日作遨游，不用清明兼上巳。"元稹《寒食日》诗云："今年寒食好风流，此日一家同出游。"节日习俗在传承中不断融入新风尚。

祭祀是清明节的核心主题。近年来，西安、北京一些网站对清明扫墓习俗进行调查，结果显示，传统祭扫方式依然受追捧，但随着网络时代的到来，人们对生态环境愈加重视，追逐时尚的年轻人首倡网上祭祀，鲜花祭祀、音乐祭祀、居家祭祀、社区公祭、植树祭祀等新兴的祭祀方式也慢慢流行起来，祭祀文化变得更加多元化，被越来越多的人认同。尽管这些新的祭祀方式在社会中仍有争议，但争议本身也反映了人们对清明祭扫这一传统习俗的重视。我们无力改变历史，但我们应知历史长河的流向。

时代是历史的儿子。随着改革开放的日益深化，新的价值观念、新的理论学说、新的生活方式，外来文化的碰撞，让传统不可避免地面临现代化的冲击。传统与现代一脉相承，无法割裂，清明节文化传承既要注重传统要素，保存民俗文化的基因，继续挖掘已有的精神资源，更新我们的价值系统；又要吸收现代文化成果，努力创新丰富节日文化的内涵，让清明节文化多元化多样化，充满活力，焕发出蓬勃的生机，使其成为中华民族认祖归宗的纽带。

第四章

日逢重午正端阳

端午节是一个全国性的民俗大节，它和春节、清明、中秋并称为中国四大传统节日。单就名称而言，又有重五、重午、端阳、天中节、龙舟节、粽子节、女儿节、五月节、诗人节等诸多名称。2009 年，联合国教科文组织正式审议并批准中国端午节列入世界非物质文化遗产，端午节成为中国首个入选世界非遗的节日。

当我们走进端午节，就会发现，端午时节，人们崇敬先贤，追念伍子胥、介子推、曹娥、屈原。在这湿热仲夏之时，端午节成了采药、储药、驱邪、避毒、除病保健的卫生节，饮药酒、食药膳、行药浴，别具一番风韵。

“节日”与“恶日”

第一节

在古代流行的传统“节日”中，都有许多禁忌，这些禁忌与后来节日的形成不无关系。如“寒食节”禁火就是源于古代禁火习俗，“上巳节”与古人祓禊防疫有关，“重阳节”远游登高旨在避瘟疫。因此，当我们对这些“佳节良辰”进行探幽溯源时就会发现，今日许多普天同庆的“节日”，原来都是极不吉利的日子，非“凶”即“恶”，正是这些“恶月”“恶日”导致了“节日”的形成。

在这些“恶月”“恶日”中，最典型的就是五月五日——端午节。据文献记载，至晚在战国时期，北方中原地区就把五月五日当作“恶月”“恶日”，进行驱邪避恶。《大戴礼记》记载：“五月五日蓄兰为沐浴。”《风俗通义·佚文》记载，“俗云五月五日到官，至免不迁”“五月盖房，令人头秃”“五月五日，不得曝床荐席”。此月此日不但万事不吉利，甚至在五月五日所生之子亦被视为不吉之兆。正如书中所说：“俗云五月五日生子，男害父，女害母。”《论衡·四讳》也记载当时的风俗：“讳举正月、五月子，以正月、五月子杀父与母，不得举也。已举之，父母祸死。”这里的“举”即抚养。尽管当时有此传说流行于民间，但事实上并非如此，相反，中国历史上许多名人倒是五月五日所生。例如，战国时以养士闻名遐迩的齐国贵族孟尝君田文，就是五月五日所生。当其呱呱坠地之时，其父田婴就欲致他于死地。后来，他母亲私下将他抚养成人。田婴闻讯后怒不可遏，怒斥其母为何未去此子，反而抚养成人。田文见其父大怒，顿首拜伏于地，问不举五月五日子是何缘故？田婴说：“五月子者，长于户齐，将不利其父母。”田文听后，不以为然，据理反驳道：“人生将受命于天乎？将受命于户邪？”“必受命于天，君何忧焉？必受命于户，则可高其户耳。”孟尝君以人生受命于天，则不会妨害其父母，若受命于户，可以加高其门户的道理，驳得其父哑口无言，只好认可。后来孟尝君果然成为一代好客的名士，被齐湣王封为相国。

尽管有孟尝君前人之例，但是，到了汉代，人们仍然传承这一恶俗。《西京杂记》记载，汉成帝时，权势显赫的王凤也是五月五日生，其父提心吊胆地将他抚养成人。汉末，在相互倾轧的官场中，有一个政绩平平、说话谨慎、办事模棱两可、待人圆滑世故而官运亨通的不倒翁——胡广，他历经汉安帝、顺帝、冲帝、质帝、恒帝到灵帝等六朝，三登太尉。此人还有一段戏剧性的故事，据《世说新语》记载，因为他生于五月五日，父母忌于世俗传统观念，将他藏在葫芦中投之于河，幸未被淹死，后来有人收养了他，乃托葫芦所生，姓胡名广。显然，从战国到两汉，人们一直认为五月五日是深恶痛绝的“恶日”，这一习俗直到魏晋南北朝依然如此。如《宋书·王镇恶传》记载，南朝刘宋时的大将军王镇恶生于五月五日，家里人因忌讳想把他过继给别人，后来祖父王猛认为：“昔日孟尝君恶日生而相齐，是儿亦将兴吾门矣！”所以才留了下来，因此起名“镇恶”。

从战国到唐宋，遇上“恶月”“恶日”的人为数不少，除了齐人田文，汉人王凤、胡广，南朝宋人王镇恶外，唐宋时代也不乏其人，唐代下笔成章，以文名世的崔信明也是五月五日生。

五月五日为“恶月”“恶日”，在这千百年的历史长河里，自然也会有不吉利之事。报国无门的屈原五月五日投汨罗江；以书画传世，却治国无能的宋徽宗赵佶生于五月五日，败国被囚到五国城（今黑龙江依兰），最终郁郁而死。辽懿德皇后萧观音，容貌冠绝一时，亦生于五月五日，竟因一首《十香词》的冤案而丢掉如花生命，令人唏嘘不已。

因端午节与“恶日”有关（也有人认为端午源于“恶日”），从汉代起，端午节的重要活动就是避恶。《风俗通义》记载，汉人在五月五日，用青、赤、黄、白、黑等五彩丝线合成细索，系于臂上，称为“长命缕”，或称“续命缕”“五色缕”“朱索”等名。据说用它可以驱瘟病，除邪恶。东汉时，依然如此。所以《后汉书·礼仪志》说汉代五月五日，“以朱索五色为门户饰，以止恶气”。

显然，汉代端午节作为“恶月”“恶日”，在北方地区并无节日的情趣，而是驱邪恶为主。五色缕与阴阳五行学说有关，五色代表五方，黄属土，为中央；青属木，主东方；白属金，主西方；黑属水，主北方；红属火，主南方。这五行主五色学说已深入到人们的生活领域。因而五色缕看来虽小，却有“驱鬼避恶”的神奇力量。

以五月和五日为“恶月”“恶日”之俗绝非我们先民的独特专利。罗马人忌五月结婚，欧洲基督教徒自公元元年起忌礼拜五，这一天是耶稣被钉在十字架的凶日。英国民俗专家柯克士女士在《民俗学浅说·序论》中说：“奥维特知道五月这一个月是不利于结婚的，而《泰晤士报》的第一行列，也使我们想起这个观念曾影响过十八个世纪。罗马人站在宗教的立场上反对五月结婚。”这个《民俗学浅说·序论》告诉我们，外国人也有以五月和五日为“凶月”“凶日”之俗，且长达十八个世纪之久。

触摸历史，理清禁忌纷乱变换的轨迹，可以窥见，禁忌是一种有趣的民俗信仰，千姿百态，众彩纷呈。千百年来它迟迟不肯消退，不愿与人们诀别，依然深藏在偏乡僻野，残留在繁华都市里，它像无形的网，在国人身边飘忽，也在世界各民族间游荡，甚至还有新的禁忌出现。

端午与屈原

第二节

战国至汉末，端午节与屈原尚未关联，文才富艳的洛阳少年贾谊作《吊屈原赋》，司马迁以史诗性的笔锋，为屈原画像。这两位文人虽有悲屈原之举，却无涉及节俗的只言片语。

到了汉末，文士群体觉醒，关注节俗的文人日益增多，首先被追念的先贤不是屈原，而是介子推。东汉文学家、书法家蔡邕在《琴操》中记载，“晋文公下令五月五日‘不发火’，以纪念介子推”。同时代问世的《曹娥碑》记载，“这一天吴地有迎伍子胥之俗，会稽人以龙舟竞渡，纪念孝女曹娥”，从而开创了端午节纪念志士的先河。《风俗通义》中尽管应劭提及屈原与五月五日有关联，但语焉不详，难以考究。及至南朝吴均的《续齐谐记》、宗懔的《荆楚岁时记》问世，屈原才与端午节相关联。从此以后，大江南北、黄河上下，一代又一代，每逢端午，千舟竞发，共同凭吊、祭奠、追怀这位爱国诗人。他的人格魅力如此，九五之尊的秦皇汉武也没有享受这一殊荣，这也是中国节令史上一大奇迹。

千古端午有分教

第三节

端午节何时起源，长期以来众说纷纭，至今仍然在争论不休。倘若我们把思维准星聚焦端午，在浩繁的文献堆中梳理节日的尘封记忆，就会发现关注端午节、探其源流的学者颇多，且代不乏人。

一、古代学者诸说

端午节早已走进学者书斋，古人对端午节论述影响较大的学说有三。

其一，源于浴兰节说。古人五月采摘兰草，盛行以兰草汤沐浴、除毒之俗。《大戴礼记·夏小正》记载："五月，煮梅，为豆实也，蓄兰为沐浴也。"屈原《九歌·云中君》记载："浴兰汤兮沐芳，华采衣兮若英。"《荆楚岁时记》云："五月五日谓之浴兰节。"此俗流传至唐宋时代，又称端午为浴兰之月。《大戴礼记》为汉文帝时礼学名家戴德选编的，是研究上古社会的珍贵资料。如果此说成立，端午节在先秦时代已出现，迄今已两千余年，可谓源远流长。

其二，"恶日"说。汉人认为，五月五日为"恶月""恶日"，且有"不举五月子"之俗，即五月五日所生的婴儿不论男女都不能抚养成人。一旦抚养，男害父，女害母。甚至出现了"五月到官，至免不迁""五月盖屋，令人头秃"等说法。这一习俗至迟从战国开始流行，迄至汉代盛行不衰。此俗在《论衡》《风俗通义》，以及《后汉书》中多有记载。五月五日是"恶月""恶日"，需以除瘟、驱邪、求吉祥，因而出现了相关的文化活动，形成了颇有特色的端午节。

其三，追念历史人物说。历史文献是文人把自己的爱恨记录留给后人的纪念品。而重伦理、爱憎分明的汉魏文人痛恨忘恩负义却称雄一时的霸主越王勾践、晋文公等人，把悲悯之心投向直言敢谏的伍子胥、功不求报的介子推、东汉苍梧太守陈临，于是在汉末就把节日与历史人物联系在一起，在东吴（今浙江地区）有五月五日迎伍子胥的习俗，在绍兴等地有纪念孝女曹娥之说；而晋地有追念介子推之说；汉代在岭南苍梧（今广西），百姓于五月五日在东城门上，令幼童洁服起舞，追念以诚信、孝道治郡的太守陈临。

当我们对汉魏这段文献资料进行搜索时，忽然在脑海里出现了一个又一个疑问，楚人创立的大汉王朝，风雨四百余年，充满浪漫、激情、保持南楚故地乡土本色的楚文化，已被汉文化谈论数百年，而誉满天下的楚文化杰出代表屈原，为何没给汉魏时代的端午节活动留下只言片语？因而许多学者认为端午节与屈原无关，决非空穴来风。

观竞渡（选自《端阳故事图册》） 清·徐扬 故宫博物院提供

当历史长河流入东晋，经过战乱洗礼的文人虞预在《会稽典录》中，又记录了浙江人五月五日纪念曹娥之俗。善良的庶民们又把同情之心献给孝女曹娥，端午节又称“女儿节”。

到了南北朝，梁人宗懔在《荆楚岁时记》中方记载了端午节纪念屈原说，梁人吴均《续齐谐记》也有类似记载。

值得关注的是端午节划船比赛的活动早已出现，在东吴，是纪念伍子胥，与屈原无关。《越地传》又说竞渡源于勾践操练水军。显然，端午竞渡之俗具有地域性。

纪念历史人物说，无论是伍子胥、介子推，还是曹娥、陈临、屈原等说，学术界大都认为是后世附会之辞，难以令人置信。

二、现代学者的创新说

20 世纪以来，随着民俗学的进步，关注端午节的学者与日俱增，有建树的论说不断涌现，其中有代表性的是祭祀龙图腾说和端午源于夏至说。

闻一多先生首倡祭祀龙图腾说。他在《端午考》一文中对端午节的起源旁征博引、详细论证，提出端午节是吴越民族举行龙图腾崇拜的节日，是“龙的节日”。

黄石先生首倡夏至说，他在《端午礼俗史》一书中提出，端午节如涓涓之水发源于远古时代，三代汇为川流，秦汉扩为河，唐宋纳百川而成湖海。

端午节源于夏至说问世后，学者吞吐百家，从更广泛的视野去研究。1983 年，刘德谦先生的《端午始源又一说》，认为端午来自夏、商、周时期的夏至，且提出端午节中的“斗百草”“采杂药”等与屈原无关。2006 年 12 月，在韩国首尔举办的国际学术会上，中国社会科学院民族学与人类学研究所研究员何星亮先生，再度完善了夏至说，又提出端午节即夏至，令人耳目一新。

三、源于长安又一说

笔者认为夏至说颇有建树，但对于端午节出现于三代的论点不敢苟同。在甲骨文、金文中仅有春、秋两字，而无夏至的概念，在其他相关的三代考古资料中，尚未发现有关材料。夏至作为节气始于战国，完善于汉武帝时代，且以太初元年（前 104 年）颁行新历——《太初历》为标志。《太初历》以正月为岁首，第一次把二十四节气订入历法，夏至作为二十四节气之一推行全国，具有合法地位。如果此说无误，那么端午节定型于西汉长安，顺理成章，这一现象与当时流行的阴阳五行说不无关系。《风俗通义》记载，汉俗在五月五日，用青、赤、黄、白、黑等五彩丝线合成细索，系于臂上，称为“长命缕”，或称“续命缕”“五色缕”“朱索”等，以此驱瘟病，除邪，止恶气。《后汉书·礼仪志》中也有类似文献记载。如此，时间、地点、风俗融为一体，端午节诞生于汉都长安，如瓜熟蒂落。

系彩丝（选自《端阳故事图册》） 清·徐扬 故宫博物院提供

端午话食疗

第四节

端午时节天气闷热，导致邪气横行，蛇、蝎、蚊、蝇肆虐，疾病极易流行。从战国时代起，古人视五月五日为“毒月”“恶月”“恶日”，是一年中最不吉利的日子。

我们中华民族是一个智慧的民族，千百年来，一代又一代医家、仁人志士关注祛疫，探寻总结食疗养生、除毒、辟邪之法，遏制瘟病的传播。在这一方面，传统医学积累了丰富的经验，作出了一流的贡献，留传下的浩如烟海的中医药学珍贵文献，值得我们挖掘发扬。笔者拟从民俗事象，就古今食疗习俗作综述性探求。

端午是“恶月”“恶日”，每逢端午，重要民俗事象是食疗防疫。端午时节百草为药，以药辟邪祛毒，陕南秦巴山区民谣：“秦巴山，遍地宝；有病不用愁，端午上山扯把草。”端午防疫之法有食疗、药疗、药酒、药浴、神符等。最为普遍的民俗，是将艾草、菖蒲等物插在门窗上，民间流传，“端午不插艾，蚊蝇跑得快”“端午不戴艾，死了变妖怪”。关中大荔、华阴一带，家家把艾草挂在门窗之上，称“镇病”。广西毛南族以艾草做食疗，如母鸡艾叶汤、艾叶饼、艾叶粥，既是良药，又是美食。

古代食疗辟邪祛毒历史悠久，内涵丰富多样。《黄帝内经》《四民月令》，长沙马王堆汉墓医书中都有食疗的内容。《黄帝内经》记载“欲诊病，必问饮食居处”“药以怯之，食以随之”的食疗原则，《黄帝内经》是中医学奠基之作，是现存最早的中医理论经典著作，治病必问“饮食居处”，奠定了中国食疗理论基础。根据不同的疾病，选择不同的食材，配相应的药物，经过烹调加工成各类饮食，可以治病强身。医学界有药食同源之说，那时药物与食物没有严格的划分。我国最早的药物专著《神农本草经》中，谷、菜、果、肉被列入中药上品，但食

悬艾人（选自《端阳故事图册》） 清·徐扬
故宫博物院提供

疗和药疗方法则有所不同，药疗快，效果佳，但味苦，久服伤胃，病人很难坚持。而食疗虽慢，可针对不同的病症，一旦恰当配膳，烹调好，易为患者接受，长期坚持时，食药并用，用食物之味，取药物之性能，食借药力，药助食味，相辅相成，相得益彰，成为治病逐疫的良方。

唐代社会安定，经济繁荣，科技发达，社会生活丰富多彩，文人重视食疗治病功能，食疗成为一种时尚。名医辈出，其中最杰出的是京兆华原（今陕西耀州）人孙思邈。孙思邈集东汉至唐初各家医论、治疗方剂成《备急千金要方》三十卷，五千三百多个方子。他认为生命贵于千金，一个处方能救人于危难，价值更胜于千金，故以《备急千金要方》为书名。书中专列《食治方》《养性》二卷，收录来自民间、文人名士、寺院道观的食疗养生之法，明确提出食疗为先，药疗次之。他说："为医者当须当洞晓病原，知其所患，以食治之，食疗不愈，然后命药。"因为药性多少有些副作用，所以主张食疗为先，最为稳妥。

那时，由于食疗之俗风行，食疗成了专门学科，孟诜名著《食疗本草》应运而生，他总结了唐以前的中医食疗成果，是现存世界上最早的食疗专著，其中收录了民间流行的食疗方剂，孟诜被誉为世界食疗的鼻祖。

唐宋时期，食疗风靡一时，曾一度勃兴食粥养生之俗，士大夫社会生活中最具时代特色的行为是普遍崇佛学道，与僧人道士频繁交往，入寺院和道观卜居，或聆听高僧大德讲经论道，或吟诗酬唱，尝粥品茶。苏轼《钟山》诗云，"老僧一身泉上住，……晨饥坐视山前粥"。粥与文人、僧人结下不解之缘。僧人端午食药粥，腊日食腊八粥，盂兰盆节又施十方僧众"百味饮食"即各色谷米、果品熬制的粥。

宋代，随着喝粥养生之风大兴，关于以粥养生的著作诗文也多了起来，宋太宗太平兴国三年（978年），翰林医官王怀隐等整理前代医方而成《太平圣惠方》一百卷，书中收载粥方上百条。宋人费衮《梦溪漫志》卷九引苏东坡居士一书帖云："夜坐饥甚，吴子野劝食白粥，能推陈致新，利膈益胃，僧家五更食粥，良有益也。粥既快美，粥后一觉，尤不可说，尤不可说！"诗人悟道食粥可"利膈益胃"，深谙食粥之道。苏氏名满天下，其门下四学士之一的诗人张文潜作《粥记》一文，提倡食粥养生，他说：

张安道每晨起，食粥一大碗。空腹胃虚，谷气便作，所补不细。又极柔腻，与脏腑相得，最为饮食之良。妙齐和尚说，山中僧每将旦一粥，甚系利害，如或不食，则终日觉脏腑燥渴。盖能畅胃之，生津液也。

张文潜少有雄才，才情富瞻。从文中可知，张氏传承师风对养生情有独钟，首倡食粥养生之道也，有知音。南宋爱国诗人陆游在为恢复中原而呼喊时，作《食粥》诗，其诗序曰：张文潜有食粥说，谓食粥可以延年，余窃爱之。诗云："世人个个学长年，不悟长年在目前。我得宛丘平易法，只将食粥致神仙。"

诗中所谓宛丘平易法，即张文潜《粥记》中所倡导的食粥养生之法。陆游一生遭遇坎坷，却活了85岁，是宋代文人中寿星之一，不枉为一世的"神仙"。他的长寿也许与食粥有缘。

明初太祖朱元璋第五子朱橚取古今医方兼收笔记杂说及道藏、佛书汇集成《普济方》一百六十八卷，是现存规模最大的医方著作。其中包括杂治、食治等，引方书不下一百五十余种。朱橚收载粥方上百条，在书中说："米虽为一物，造粥多般，色味罕新，服之不厌，……治粥为身命之源，饮膳可代药之半。"可见明代医家普遍重视粥的食养食治作用。用粳米或小米配以药物的食疗在明清时代大行其道。清曹慈山《老老恒言》卷五《粥谱说》中，录食疗药粥方100种，将药粥分为上、中、下三种，以气味香者为上品，在上品36种中，就有莲肉粥，藕粥、松仁粥、薏米粥、扁豆粥、龙眼肉粥、枸杞粥、茯苓粥等；气味稍浓者为中品；气味浊者为下品，如地黄粥，麦冬粥、猪肚粥等，真可谓"调养治疾，二者兼有"。

值得关注的是《红楼梦》中涉及养生食疗的有六十六回，书中针对才子佳人各种"症状"，或养心，或养颜，或养生，使用了百余个单药、方药，内容里可谓一日三餐有食疗，吃饭吃茶吃中药。五十四回写王熙凤给大太太们吃斋备用"枣儿”熬的粳米粥，七十五回贾母长寿用的是康、雍、乾三朝贡品——红米做的“红稻米粥”。食疗养生品在小说中处处皆是，而且许多食疗保健调养秘诀，大多来源可考，配方准确，描述确切，接地气，这在中外长篇小说中绝无仅有，堪称“百科全书”。

以上可见，唐至明清，药粥种类丰富多彩。众所周知，人一旦患病和手术后康复期间，生理机能减退，肠胃消化降低，需要养护精神，劳逸结合，调节饮食，药粥和白粥比较，不仅具有粥的功效，而且又有药的针对性，或治疗、或补养，效果会比白粥高出一筹，受患者欢迎。所以，陆游有“只将食粥致神仙”的感慨。

据中医界专家说，食疗膳食一般禁用炸、烤、煎、爆等烹调方法，炸、烤、煎、爆等方法烹调的饭菜，不易消化吸收。东汉张仲景《金匮要略》记载：“所食之味，有与病相宜，有与病危害，若得宜则益体，害则成疾。”所以食疗应以蒸、炖、煮和煲汤等方法烹调制作为宜，忌生冷、油腻、荤腥和烟酒等，以防不良反应，正如民谚说：吃药不忌嘴，跑断医生腿。

食疗作为一种保健方法，根在民间，如陕南秦巴山区，中药材丰富，素有“药材摇篮”“天然药库”的美誉。中药材种类多、分布广、储量广、质量好，仅收入《中国药典》的就多达 1299 种，民间流传着：“吃了萝卜菜，啥病都不害。”陕南秦巴山区人几乎家家户户天天吃药膳。陕南民俗专家巫其祥整理民间药膳约 400 余种，这些药膳是他们在长期的生活实践中，不断积累，反复总结，逐渐形成的地域特色饮食。

食疗是中华民族社会生活中一朵瑰丽的奇葩，是中华民族对人类饮食文化独特的贡献，既是一门古老的学问，也是一门不断丰富的新兴科学，值得我们挖掘、研究、传承。

第五章

七夕与长安结缘

人世间最关切的是情，是爱，爱情是千古不变的话题。而在我国众多的节日文化中，反映男耕女织、以思念与祈福为载体、凸显爱情主线的节日唯有“七夕节”。

汉长安，七夕破晓地

第一节

七夕节定型于西汉，勃兴于长安，已被传承了两千多年，真像一首不老的歌。尽管在社会发展的一段时期内一度寂寞，受人冷落，但它从未被遗忘，在民间默默地传承着。时逢盛世，国家重视，民间关注，七夕节又焕发出新的生机。

七夕节为姑娘、少妇所青睐，她们是节日的主力军，因此称其为“少女节”或“女儿节”。每逢七夕节，在民间有各式各样的乞巧活动，人们放飞梦想，祈福未来，于是大家又称其为“乞巧节”。正如唐代诗人林杰《乞巧》诗所吟：“家家乞巧望秋月，穿尽红丝几万条。”

七夕节究竟起源于何时？在学术界依然是不解之谜。笔者在《秦汉文化史》《中国古代节日风俗》中提出的西汉说，曾引起学术界的关注。时过三十余年，笔者始终坚信自己的观点。历史学、民俗学是一门求真务实的学问，我们应尊重历史，每一论点字字有根据，句句有来历，言必有本，无征不信。

众所周知，七夕节的形成，是由星变人的过程，随着时代的发展不断完善、丰满。它也是人和自然之间建立起亲善和谐关系的特殊体现。“织女”作星名，初见于我国现存最古的科学文献之一——《夏小正》。在西周的民歌《诗经·小雅·大东》中，织女、牵牛初具神话雏型，不仅是银河两岸的星，而且将其与地上的耕织生活联系在一起。从战国至汉初，织女、牵牛日渐人格化。《三辅黄图·池沼》记载，秦王扫六合一统天下，把都城咸阳从渭北扩展到渭南时，“引渭水贯都，以象天汉，横桥南渡，以法牵牛”，织女、牵牛的天象给秦都增添了无限的神秘色彩。

当历史的长河流入汉武帝时代，西汉王朝的政治、经济、文化如日中天，进入全盛时期，汉文化把楚文化、齐文化、秦文化熔为一炉而形成浪漫多元的特色。当此之时，男耕女织的小农经济定型化，反映这一经济模式的牛郎、织女也演变成人，出现了爱情纠葛。《史记·天官书》记载，“织女，天女孙也”。织女成了天上神女之孙。汉武帝元狩三年（前120年），在长安西南修昆明池，训练水军，又于昆明池畔立牛郎、织女石雕像。这两尊石像是用火成岩雕成的，现保存在西安市长安区斗门街道，当地村民俗称为“石爷”“石婆”，且为之建“石婆庙”。牛郎织女雕像线条粗犷，刀法简洁，造型古拙，比现存于茂陵博物馆霍去病墓前的石刻群雕还早三年，是我国迄今所知大型石雕年代最早的艺术品，为世人所惊叹。汉代无名氏的石雕用艺术语言向我们传达了这样一个信息——他们极力捕捉时俗，把牛郎、织女雕为一对情侣：牛郎头部硕大，短发、宽额、宽眉，双目有神，腰间束带，形象憨厚质朴，是一位不向命运低头的坚毅青年。而织女着右衽交襟长衣，发辫后垂，脸庞圆润，眉头微蹙，嘴角下撇，活现出被银河阻隔，梦想破碎，不得与牛郎团聚，两地相思的痛苦、悲愤之情。这两尊石雕像是原汁原味的汉文化，是汉人对牛郎、织女恋情流行看法的佐证，“不着一字，尽得风流”。它比东汉《古诗十九首·迢迢牵牛星》早了三百多年。

值得庆幸的是汉武帝时期与七夕相关的文献屡见不鲜。众所周知，汉武帝是一代雄主，也是一位有浪漫情怀的皇帝，在他执政之时，人们给年轻的皇帝罩上一层层与七夕相关的神秘面纱。《汉武故事》记载，汉武帝是乙酉年（前156年）七月七日生于漪兰殿；《汉武帝内传》记载，七夕，汉武帝会王母娘娘。在“重实际而黜幻想”的北方，出现这样的浪漫主义故事，着实令人称道。

如果说汉武帝这些故事属神话传说，那么“鹊桥相会”则是七夕节的核心内容。喜鹊在天河上为织女搭桥，使“鹊桥相会”成为吉祥之兆。《岁时广记》卷二六引《淮南子》记载：“乌鹊填河成桥而渡织女。”尽管在今本《淮南子》中已没有这些文字，但宋人的著作中捕捉到的这一文化信息，虽寥寥数语，但却为后人研究七夕提供了可靠的证据，它比唐韩鄂《岁华纪丽》卷三引《风俗通义》关于鹊桥相会说提前了近三百年。

《太初历》的颁行，使七夕节有了准确的时间定位。倘若此时我们打开“七夕”的尘封记忆，七夕乞巧、结五色线之俗已在汉初长安宫中出现。《西京杂记》记载：汉彩女常以七月七日穿七孔针于开襟楼，汉高祖宠妃戚夫人的侍女贾佩兰，每逢七月七日在宫中百子池旁跳于阗舞，又用五色线结“相连爱”。汉武帝时代这些琐碎零散的文字记载着牛郎织女“鹊桥相会”、穿“七孔针”、结“相连爱”的习俗，显然，七夕节在汉长安已定型化。到了东汉时期，牛郎织女的故事也成了文士骚客吟唱的内容，出现在班固的《西都赋》、张衡的《西京赋》等皇皇大赋中，也出现在河南、山东、江苏、四川等地出土的画像石、画像砖中。

风俗是一位守旧又喜欢恶作剧的老人，它让牛郎、织女相恋，命运多舛，从汉代到南北朝，花开花落、王朝更替、政权更迭，历经五六百年难成眷属。

历史把机会让给南朝梁人殷芸，他在《小说》里记录了时人流俗：织女为天帝女，居天河之东，常年在机杼上纺织，织成了云霞天衣，终日劳累，无暇美容，天帝怜悯，把她嫁给河西的牛郎。婚后织女“遂废机杼”，天帝大怒，责令她返河东，夫妻一年一度相会。殷芸笔下牛郎、织女虽为夫妻，两地相思如故，岂能合乎人意？人们期待故事更新，把善良、美好的理念传达给后人，于是许多心底善良的民间艺人，对这对夫妻寄予深切的同情，经过一代又一代人的反复加工，日久天长，最后形成今日震撼心灵、人格提升、家喻户晓的牛郎织女故事。这个故事是小农经济形态下农民渴望婚姻自由、追求生活幸福的真实写照。虽是晚开的花，却闪烁着人性的光辉，因而深受广大劳动人民欢迎，风行一时。文人把它写成诗歌，说唱艺人把它编成话本，戏剧家把它搬上舞台，美术家把它绘成画作，电影艺术家把它推向荧屏，千百年来盛行不衰，影响深远。

爱情故事・树下弹筝　莫高窟第 85 窟南壁（晚唐）　敦煌研究院提供

乞巧之俗两千年

第二节

七夕节的重要活动是乞巧，它始兴于汉初，降至魏晋，穿针乞巧的风俗已极为普遍，少女、少妇们用彩线穿七孔针，同时还摆香案，上置瓜果，向织女乞巧。她们暗暗祈祷，互相祝福。如果夜里喜子（一种红色长腿的小蜘蛛）结网于瓜果上，就被认为得到了织女的青睐。

《舆地志》记载齐武帝时修了一座城观，每到七月七日，宫女们都登上城观穿针，世人称之为“穿针楼”。当时不仅有“乞巧”，还有“乞富”“乞寿”“乞子”之俗。《风土记》记载，七月七日夜里，人们打扫庭院，摆上盛馔，备上美酒美食、时令果品，撒上香粉而祭。如见银河中有奕奕正白气，闪耀着五色的光芒，就认为是织女、牛郎相见的征兆。这时便要下拜，根据自己的愿望祈祷，或乞富贵，或乞长寿，没有孩子的也可以乞子。但是，只能乞求一个愿望，不能既乞富又乞寿，更不能三个愿望一并乞，并且要诚心诚意地连乞三年，才会灵验。因为织女、牛郎都是劳动者的象征，他们夫妻爱情坚贞，牛郎勇敢勤劳，织女心灵手巧，所以，乞巧风俗反映了劳动人民学习劳动技能的强烈愿望。

乞巧风俗到了唐代又有新的内容和变化。唐玄宗时代诗人崔颢有诗《七夕》云：“长安城中月如练，家家此夜持针线。仙裙玉佩空自知，天上人间不相见。”这首诗形象地描述了唐代长安七夕节穿针乞巧的风俗。当时长安家家户户的少女、少妇，持针线，供瓜果，摆香案，向织女乞巧。夜深人静，她们抬头望着满天璀璨的星斗，意兴甚浓。

平民百姓家少女、少妇的乞巧远远不及皇宫排场。唐玄宗这位风流天子对七夕节非常重视，在宫中建了一座“乞巧楼”。据《开元天宝遗事》记载，这座“乞巧楼”是以锦结成楼殿，高达百尺，可以坐数十人。在楼上陈列瓜果酒馔，摆设坐具，以祭祀牵牛、织女二星。赐给宫中嫔妃九孔针、五色线，在月光下穿过者为得巧。乞巧后，演奏清商妙曲，欢宴达旦，以至城中士民之家都纷纷效仿，成为一时风尚。

从五代到宋初，七夕节并不一定都在七月七日晚上，也常在七月六日。宋王林《燕翼诒谋录》云："太平兴国三年（978年）七月乙酉诏曰：七夕佳辰，近代多用六日，宜以七日为七夕。颁行天下，盖方改用六日之时，始于朝廷。"宋洪迈在《容斋随笔》中也认为宋太宗赵光义于太平兴国三年七月七日下诏七夕改六日为七日的。他对七夕为何用六日提出疑问："且名七夕而用六，不知自何时始。"他认为唐代时并无此说，必是出于五代之时。自宋代一直到现在，七夕定于七月七日再未发生变更。

宋代以后的乞巧活动也更为丰富。《岁时杂记》记载，宋代东京（今河南开封）潘楼出现了民间乞巧市，专卖乞巧物。从七月一日起，乞巧市车水马龙，人声喧嚷，热闹非凡。到了七夕前的二三日，乞巧市来人剧增，甚至"车马相次拥遏。不得复出，至夜方散"。可见市上行人之多，气氛之热闹，史无前例。另外，东京的丽景、保康、阊阖门外及睦亲、广亲宅前均有乞巧市，只是其规模不及潘楼盛大。京师王公贵戚，多结彩楼于庭，称之为乞巧楼。上陈磨喝乐，花果酒馔、笔砚、针线，儿童作诗，女儿呈巧，焚香倒拜，望月穿针，或以蜘蛛乞巧。而一般市民，无钱扎乞巧楼，有人用竹木或麻秆编成"乞巧棚"；也有人剪五色纸为层楼，称之为"仙楼"，上刻牛郎、织女像及王母等仙人，用来乞巧；还有人剪纸为"仙桥"，桥上有牛郎、织女，两旁有仙众侍从，以此来乞巧。据《东京梦华录》记载，有人在小木板上覆土，种粟生苗，制作小茅屋、花木等点缀成小村落之形，里面还有田舍农家人物形象，称作"谷板"。心灵手巧的人们还会制作各种节日物品用来祈福。有的在瓜上刻花纹，称作"花瓜"；还有用油、麦面、糖、蜜做成花样奇巧的"果食"；又有以绿豆、小麦、小豆等在小瓷器内用水浸泡，长出数寸长的绿芽，用红蓝彩条束起来，称之为"种生"。这些节日制品都是小农家庭生活方式、审美情趣、价值观念的反映。

值得注意的是，中国的传统节俗也经常受到异域风俗的影响。宋代七夕节磨喝乐就是典型一例。磨喝乐也称'磨合罗'，其名系梵语音译，是宋元时期供乞巧、奉织女牛郎的一种土偶泥人，在佛经中属于天龙八部神之一，随着佛教影响的深入，汉人从佛经中汲取这个神名，用来在七夕祭祀牛郎织女进行乞巧。《醉翁谈

《桐荫乞巧》及局部（选自《月曼清游图》册）清·陈枚
故宫博物院藏

录》记载："京师是日多博泥孩儿，端正细腻，京语谓之'摩睺罗'。小大甚不一，价亦不廉，或加饰以男女衣服，有及于华侈者。南人目为巧儿。"《东京梦华录》记载："每年七月七日，东京开封的潘楼街东门外瓦子（市场）、州西梁门外瓦子、北门外、南朱雀门外街及马行街内，皆卖磨喝乐，及小塑土偶耳。"这种手捏小泥人儿，装上木雕彩绘的栏座，有的用红纱碧笼作罩子，有的甚至用金珠玉翠作装饰，一对的价值高达数千钱！据《岁时广记》记载，当时东京城所卖的磨喝乐"以苏州最巧，为天下第一"。给皇帝宫廷进贡的磨喝乐用金银制成，以至当时人们觉得自己生活连泥人儿磨喝乐都不如，因此作戏文道：

> 天上佳期，九衢灯月交辉。摩睺孩儿，斗巧争奇。戴短檐珠子帽，披小缕金衣，嗔眉笑眼，百般地敛手相宜。转晴底工夫不少，引得人爱后如痴。快输钱，需要扑，不问归迟。归来猛醒，争如我活底孩儿！

《帝京景物略》中却记载了清代北京一种新的乞巧方法，即七月七日正午丢巧针。妇女晒一盆水，到中午时，由于灰尘杂物微粒落入水中，漂浮于水面上，水面结膜。此时，取一枚针投入，针亦浮起。投针后，如果水底之影有呈云状、花状、鸟兽状者，或呈鞋、剪刀、水茄影者，认为就是得了巧；如果水底影像粗如棒槌，细如丝线，直如蜡烛，就认为是没有得巧。《帝京岁时纪胜》《清嘉录》中也记载了类似的乞巧方法。清代诗人吴曼云《江乡节物诗》云："穿线年年约北邻，更将余巧试针神。谁家独见龙梭影，绣出鸳鸯不度人。"

透过历史烟尘，不难看出七夕乞巧两千年来一直盛行不衰，给我们的节日注入了丰富多彩的文化内涵，值得深入研究，将其发扬光大。

异彩纷呈七夕节

第三节

七夕节定型于汉都长安，之后向全国传播。由于民族的多元、宗教信仰的多元、文化风俗的多元，同一七夕节，在不同的地域，因受到不同的自然环境，以及在这种自然环境下所形成的独特生产方式和生活方式的影响，出现了不同的节日习俗，使乞巧活动异彩纷呈。

一、北京的“卜女巧”

据《燕京岁时记》记载，清代，当七夕节来临之时，京城妇女在当天中午把一碗水放在日光下，再投小针于水中。之后，妇女们慢慢看水底日影，或散如花，或动若云，或细如线，以此可以占卜妇女之巧，称为“丢针儿”。

彭蕴章《幽州土风吟·卜巧针》诗云：

浮针水面，视影百变，

如花如云，如椎如线。

（录自李家瑞《北平风俗类征上下两册（影印本）·岁时》，上海文艺出版社，第88页）

王士祯《都门竹枝词》云：

七夕针楼看水痕，家家小妇拜天孙。

明朝得巧抛针线，别买宣窑蟋蟀盆。

（录自李家瑞《北平风俗类征上下两册（影印本）·岁时》，上海文艺出版社，第88页）

这些诗，都生动地描述了北京妇女卜巧的习俗。

二、山东荣成的“生巧芽”

据《中华全国风俗志》下篇卷二《山东》记载，在21世纪初，山东荣成地区，每当七夕节来临，这里流行“生巧芽”的习俗。每年从七月初一清晨起，各家小孩趁朝曦未出之时，在小杯中放些细沙，然后在沙中种上麦子，称为“生巧芽”。人们按麦芽的好歹，预测小孩的巧拙。正因为关系到对自己巧拙的判断，一般小孩十分重视自己的巧芽，白天洒水，夜里放于露天中，尽心尽力维护。及至七夕，麦芽已长大，从杯中取出，根据麦芽之根须如何，判定小孩一生的巧拙。倘若麦芽须长且密，为吉利，称之为“佛手”，此人一生富贵，大吉大利；若麦芽根须短，也不密，甚至根须为水泡烂，不甚雅观，大家便认为这个小孩愚蠢不堪，难以造就。此时，也有人将巧芽的嫩芽剪下，与白糖混合在一起，做成包子，称之为“月芽”。男孩的做成圆月形，女孩的做成半月形，到了七夕，大家欢聚小院中，对月而食，成为乞巧内容之一。

在山东荣成地区，七夕节还有做“巧花”的习俗。每当七夕节来临，荣成百姓，如同过大节一样，用面粉做成各种形状的食品，有莲蓬形、金鱼形、荷花形、竹篮形……千姿百态，不胜枚举。这些食品，称为“巧花”，七夕节吃过巧花的人，必将心灵手巧。

三、江苏的“巧果”

七夕节，吴中各地集市售巧果者云集，叫卖声不绝于耳。这种食品，是用面和白糖做成苎结之形，油氽令脆者，称之为“苎结”。到了七夕，把巧果、花果陈于大庭，或放置露台之上，拜牛郎、织女双星，以乞巧。蔡云《吴歈》云：“几多女伴拜前庭，艳说银河驾鹊翎。巧果堆盘卿负腹，年年乞巧靳双星。”

四、广州的七夕

广州风俗里非常重视七夕节。在清末或民国初年，广州人从初六之夜就开始欢度七夕。这一夜，姑娘、媳妇在庭院中架鹊桥，陈瓜果，焚檀楠，燃巨烛，摆锦屏绣椅，并穿上节日盛装，坐列两旁，任人参观，直至三更而罢。这成为广州七夕节最重要的活动，盛行一时。

七夕节时，姑娘又把初六之夜陈列的果品，聚米粘成小器皿，又以胡麻做成龙眼、荔枝、莲藕之类，小巧玲珑，极为精致，成为节日的工艺品。

五、广西百色的“双七水”

广西百色称七夕节为“双七节”，此日家家户户汲水，称为“双七水”。相传，是日寅卯未通光之前，仙女下河沐浴。此日河水较平时格外清洌甘爽，可以治病。因此百色人七夕节人人早起，争先恐后地去河中汲水，甚至有的彻夜未睡。三更以后汲水人更多，走路声、水桶相撞声不绝于耳。及至天明，满街水淋淋的，如同骤雨初晴。人们所取的水，以净瓮盛之，逐月饮用，可保一年平安。

六、浙江萧山的“祭星乞巧”

每年七夕节时，浙江萧山坎山镇有祭星乞巧的习俗，届时当地村民家家庭院摆供桌，放水菱、莲藕、石榴、方柿四样果品和一碗水。中午，女孩将扫帚丝放在水上，然后观水底影子，如果里面的影子看起来像剪刀、针线，就说明求到“巧”了。

据《人民日报》（海外版）2008年6月10日报道，浙江杭州已认定“祭星乞巧”为传统节日习俗，每年七夕都会举行庆祝活动。

丝路七夕有奇俗

第四节

七夕节是反映男耕女织、以思念与祈福为主线的节日。在丝绸之路沿线敦煌、酒泉等地的七夕节，除了乞巧之外，还有祭高辛氏受矛、城隍会等奇风异俗，值得关注。

七夕节破晓于汉都长安。汉武帝时，张骞通西域，汉匈河西战役之后，为巩固汉与西域交通，汉朝先后在河西走廊设武威、酒泉、张掖、敦煌四郡，史称“河西四郡”。之后，七夕节之俗向西传播，到了隋唐时代，敦煌、酒泉等地七夕节乞巧之俗与内地大致相同。敦煌写本伯二七二一《珠玉抄》云：“七月七日何谓？看牵牛织女，女人穿针乞巧。”斯二一〇四《七夕乞巧传》云：“七日佳人喜夜情（晴），各将花果到中庭。为求织女专心座（坐），乞巧楼前直至明。”斯一四九七《牛郎织女》诗云：“曲子喜秋天，每年七月七，类此时爱天，月在□□□，敷尘结交伴，头供数千般，今晨连天暮，一心待织女。”那时河西走廊地区人们认为，织女是智慧灵巧又勤劳的象征，是“巧”的代名词，所以要“一心待织女”。敦煌写本是 7 世纪至 10 世纪唐代、五代民间书手亲手抄录，未经文人修饰，是当时社会风土人情的真实记录，它静静地藏在博物馆里，无声地诉说着丝路历史，承载着丝路文明，传播着丝路节日故事，是珍贵可信的历史文献。

敦煌七夕节独有之俗：高辛氏小子七夕受矛的风俗。高辛氏，帝喾之号，黄帝之曾孙，尧之父，商代卜辞中以帝喾为始祖。敦煌人七夕节纪念高辛氏子而出现受矛之俗，是由《左传》中神话而来。《左传·昭公元年》记载：“昔高辛氏有二子，伯曰阏伯、季曰实沈，居于旷林，不相能也，日寻干戈，以相征讨。后帝不臧，迁阏伯于商丘，商人是因，故辰为商星；迁实沈于大夏，主参，唐人是因，以服事夏商。”由于此处之“唐”与唐朝之“唐”同字，所以古代敦煌等地汉族百姓人心向唐，以此俗来强调自己是大唐王朝的子孙，“受矛”即七夕节乞巧之时，也要用兵器（矛）武装自己，捍卫敦煌一方百姓的安宁。由此看来，受矛之俗表现了古代敦煌民间的爱国之情，是大漠百姓节日不忘守土的良风美俗，值得称道。

丝绸之路上，酒泉七夕节时有办城隍会之俗。清初黄文炜《重修肃州新志》，“肃州风俗”条云：“《肃州》七月七日为城隍会，人家多采紫苏和面酥煎食。”肃州，即汉代河西四郡之一的酒泉，隋仁寿二年（602 年）改称肃州，8 世纪后期至 9 世纪中叶曾属吐蕃，11 世纪中叶属西夏，明清时期称肃州。清初肃州七夕节举办城隍会，企盼城隍保一方平安。城隍是道教传说中保护一城百姓安宁的“神”，可以“剪恶除凶、护国保邦。”能应人所请，旱时降雨，涝时放晴，保谷丰民安。加之城隍又是古代管领亡魂之神，“统领阴阳，兼司人鬼”，是道教信众十分尊敬的神。各地城隍爷不统一，大多由有功于地方民众的名臣英雄充当。三原祀李靖，杭州祭文天祥，西安西大街城隍庙祀汉将纪信。楚汉相争时，纪信冒充刘邦被项羽烧死，后被封都府城隍。

据《周礼》记载，城隍神是由天子腊祭八神之一的“水”（即“隍”）“庸”（即“城”）衍化而来。城隍二字连用，始于《易经》：“城复于隍。”班固《两都赋·序》曰：“京师修宫室，浚城隍。”自汉末道教形成之后，到了三国吴大帝孙权赤乌二年（239 年），于芜湖最早建城隍。据《北齐书·慕容俨传》记载，北齐大将军慕容俨镇守郢城（今河南信阳）首先祭城隍。降至唐代，李渊以老子后裔自居，积极扶植道教。唐玄宗更是推崇道教备至，尊老子太圣祖，各州府大建道观，郡县皆祭城隍。宋代将祭城隍列为国家祀典，祀遍全国。各州县岁时祭祀，各地城隍不相同，祭祀城隍的时间也不统一，如西安鄠邑民间以汉将纪信（邑人）为城隍，每年农历正月中旬或下旬举行迎神活动。是日，有两人骑高头大马为开道者，接着是各种升旗仪式，锣鼓队，再后面是彩亭，之后是城隍仪仗队及城隍夫妇塑像、红黑小鬼、文武祭官等，最后面由数人抬着约 2 米见方的神龛。酒泉七月七夕的城隍会在《重修肃州新志》中未有文字详细记载，内容应与西安鄠邑游城隍大致相近。

敦煌、酒泉地处丝绸之路交通要道，在这条大道上，驼铃声声，载着丝绸、茶叶、瓷器、羊毛的商队络绎往来，怀揣梦想、传播信仰和文化的僧侣，深目高鼻、须发卷曲的使者与商贾们辗转奔波。这条大道也是少数民族聚居之地，秦代是乌孙人、大月氏人活动的地区；汉魏时，一部分乌孙人、大月氏人西迁，一部分留居与匈奴人杂处。之后又与粟特人、鲜卑、氐、羌、突厥、回纥、吐蕃等少数民族融合。由于受少数民族政权影响，其节日文化日趋多元化，一方面传承了汉族传统节日的风俗等，另一方面与少数民族文化相关联，地域特征十分明显。

第六章

月到中秋分外明

中秋节是仅次于春节的第二大传统节日，是展示民族习俗特色、传承价值理论的文化平台。如果说春节是国人挥洒至爱情感的最佳载体,那么中秋节就是他们汇聚亲情、友情、乡情的理想港湾。

中秋节是不可多得的文化标本，遗憾的是学术界对其研究尚未深入。它如何兴起、如何演变，人们众说纷纭，迷离难辨，远不像中秋夜的月亮那般晶莹剔透。

月祭礼俗三千年

第一节

倘若对中秋节探幽溯源，可从原始社会的月亮崇拜谈起。远在原始社会，先民就崇拜某些对人类最有影响的自然力，如日、月、星、山、河等。

那时在上古先民面前，世界是错综复杂而又严峻无情的。有日月嬗变和季节迁移，有风云变幻和电闪雷鸣，有洪水横流和野火燎原，有瘟疫流行和禽兽啃啮……这一切，在先民的脑海里引起了不计其数的疑问，激发了他们的想象力。他们既有灵魂崇拜，又有自然崇拜。天气的冷暖，季节的变化，阳光的有无，方向的测定，这一切无不与天体变化有关，因此，天体是人类最先崇拜的对象，特别是对太阳、月亮的崇拜。所以，一些哲人说，大自然创造了人类，就是要让他们认识自然界本身。而先民对日、月的崇拜，正是那个生产发展水平低下的时代思想文化的结晶。先民们基于自然崇拜，按照人类自身的想象创造出各式各样的"神"。在他们看来，现实生活中那些宏大的自然物，复杂的自然现象，都被"神灵"所操纵。在中国神话系统里，太阳由御者羲和驾龙在奔驰，月亮由御者望舒驾车在飞跑，雷霆是天神在擂鼓……日蚀、月蚀就是龙或天狗吞噬日月。总之，先民对自然现象的起因、变化都充满好奇，并进行了臆测性的解释和拟人化的描述，作为天体的月亮被人格化，成了月神。

当历史进入商周时期，昔日的日月崇拜并没有烟消云散，人们从现实功利的角度出发，把有功于人类祖先，有功于自然的日月、星辰等变成神，并把原来对被人格化之神的崇拜习俗定型化、神圣化，且推广到社会生活的领域，用来规定、节制人的行为，规范人的关系，人们在崇拜月亮的同时出现了祭月的活动，年年祭祀，向他们表示敬意，祈求幸福，盼望得到神的恩赐，这一活动在西周已制度化、礼仪化。

拜月　莫高窟第 103 窟南壁东侧（盛唐）　敦煌研究院提供

岁时节令与农业文明密不可分。时值八月，瓜熟蒂落，“万家相庆喜秋成，处处楼台歌板声”。在繁文缛节的西周时代，自然会出现顺应时节的礼仪。左丘明的《国语·周语上》中有明确记载，周王“有朝日、夕月”之礼。“夕月”就是秋祀，即秋分晚上在京城西门外祭月拜月。“夕月”之礼开中秋节的先河。

由祭月、拜月逐步演化出赏月之风，咏月、赏月的诗赋如宇宙星辰，多不胜举，然而那时的拜月、赏月活动并不限于某一日，所以也未能形成节日。中国现存最早的岁时专著《荆楚岁时记》里尚无“中秋节”只言片语，无论是正史，还是魏晋南北朝时期文人的诗词，都证实那时虽有赏月之俗，但仅限于贵族或者文人群体。拜月、祭月、赏月成为士庶共行的民风民俗，则有待盛唐以后。

盛唐滥觞

第二节

中秋节是在漫长的岁月流光中形成的，它和定型于汉代的春节、清明节等传统节日相比，姗姗来迟，形成的时间很晚，比春节、清明节等节日晚了五六百年。当历史的长河流入到唐太宗贞观年间，终于出现中秋节一词，《渊鉴类函》卷二十引《唐太宗记》记载："八月十五日为中秋节，三公以下献镜及盛露囊。"可以看出，贞观年间（627—649年）中秋节已有节日雏形，三公以下大臣近侍要向皇帝献礼，以示庆贺。

唐代中秋节拜月、赏月的故事，也充满传奇色彩。《开元天宝遗事》记载，唐玄宗和杨贵妃每年中秋节都要赏月，天上月光融融，太液池里波光粼粼，桂花飘香，金蝉鸣唱，真是良宵佳节，两情缱绻意浓。然而抬头望月之际，唐玄宗却看明月西坠，意兴未尽，于是下令在太液池两岸另筑一百尺高台，为来年杨贵妃赏月之用，并称"赏月台"。然而修成不久，"安史之乱"爆发，"赏月台"毁于战乱，仅余一台基遗址。

唐代，文人墨客中秋赏月已成风俗。诗人欧阳詹在《玩月诗·序》中就说到，冬天寒冷，不易于户外赏月；夏季天空常有浮云，月亮的光辉被遮住；只有秋高气爽的中秋，才具备赏月的条件。

在《全唐诗》咏中秋的诗作中，以王建的《十五夜望月寄杜郎中》较为著名："中庭地白树栖鸦，冷露无声湿桂花。今夜月明人尽望，不知秋思落谁家。"诗题中的"十五夜"，应为中秋节之夜。

《古今图书集成》引《洛中见闻》记载，唐僖宗在中秋节吃月饼，味极美，他听说新科进士在曲江开宴，便命御膳房用红绫包着月饼赏赐给他们，这是关于中秋月饼最早的文字记录。

琼台玩月（选自《月曼清游图册》）清·陈枚　汇图网提供

徜徉于唐代中秋节中，就会发现它像潺潺溪流那样向前平稳缓慢地流动，一直到达北宋，方有热闹的节日氛围。在东京生活了 24 年的孟元老于《东京梦华录》中回忆道：宋代中秋节所有酒店皆卖新酒，所有商店重新结彩，装饰门面；各种时令果品上市，民间争占酒楼玩月，亲朋好友相聚，设宴畅饮，“夜市骈阗，至于通晓”。

尽管如此，中秋节在北宋却不为官方重视，《文昌录》记载，北宋官方休假的节日有“立秋”“七夕”“秋分”“重阳”而没有中秋节。李昉奉宋太宗之诏而编写《太平御览·时序部》中也没有中秋节的记录。民间最重要的节日是元旦、寒食、冬至，被称为宋代三大节。

降至南宋，由于商品经济的发展，中秋节成为非常热闹的节日，以京城临安

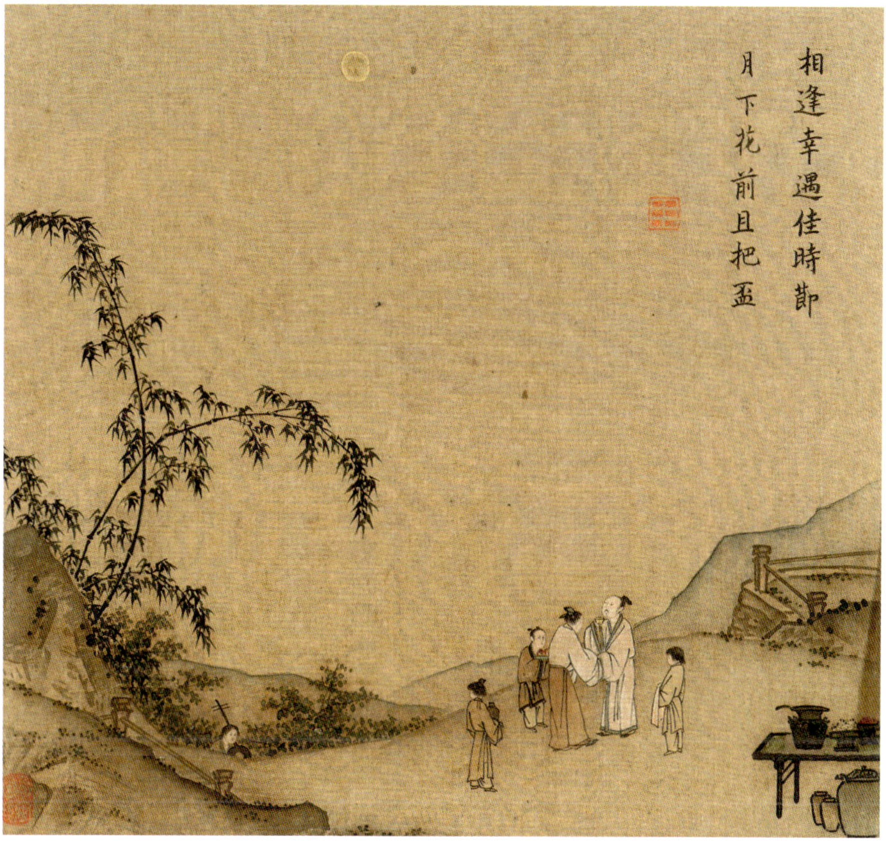

《月下把杯图》宋·马远　天津博物馆提供

最为突出。《梦粱录》记载：

> 八月十五日，中秋节……王孙公子，富家巨室，莫不登危楼，临轩玩月。或开广榭，玳筵罗列，琴瑟铿锵，酌酒高歌，以卜竟夕之欢。至如铺席之家，亦登小小月台，安排家宴，团圞子女，以酬佳节。虽陋巷贫窭之家，解衣市酒，勉强迎欢，不肯虚度。此夜天街买卖，直至五鼓。玩月游人，婆娑于市，至晓不绝……

显然，中秋节传统到了南宋，节俗活动内容较之北宋愈加丰富，更具有娱乐性和群体性，不论贫富，举国欢庆，自此后中秋节进入发展期。

千百年来，每逢中秋，皎月当空，合家团聚，品饼赏月，相互祝福，谈天说地，尽享天伦之乐，神州大地，沉浸在欢乐祥和的气氛中。祥和与祝福从每一个聚会、每一个角落传递八方，那一个个温馨、团聚的中秋之夜，那一个个充满思念与祝福之夜，像一幅幅美丽的画面展现在我们眼前；像一首不老的歌萦绕在我们耳边；像一条清幽的历史长河从每一位中华儿女的心田淌过。

中秋节蜚声海外

第三节

海上升明月，天涯共此时。

——唐 · 张九龄《望月怀远》

中秋节是中华民族节庆文化的瑰宝，她深深地积淀在中华儿女的心中。那些远离故土，下南洋、赴欧美，在海外落户安家的华侨、华人，成为我们传统节庆文化的忠实传播者，他们的脚步走到哪里，传统节庆文化就传播到哪里，从东京到巴黎，从伦敦到纽约，凡是有华侨、华人的地方，传统节庆文化就在那里生根发芽。如今，随着中国的崛起，我们的传统节庆文化，泽被四邻，中亚、西亚，甚至欧洲，或飞越大洋而传至美洲、非洲。每逢中秋节，不仅仅是海外华侨、华人欢度共庆，海外各地亦是瞩目其彩。许多亚洲国家就有近似中秋节的活动，朝鲜的“秋文节”、日本的“月圆节”、越南的“中秋节”、柬埔寨的“拜月节”、老挝的“月福节”、泰国的“祈月节”、印度的“明月节”、印尼的“大月节”、尼泊尔的“德塞尔”，尽管名称各异、形式多样，但祭月、赏月、吃月饼之类的风俗却大同小异，都寄托着人们对生活的无限热爱和对美好未来的憧憬。

新加坡华人对于一年一度的中秋佳节向来十分重视。对他们来说，中秋佳节是联络感情、表示谢意的天赐良机，亲朋好友、商业伙伴之间常常相互馈赠月饼，借以问候与祝愿。新加坡是一个旅游城市，中秋佳节无疑是一个吸引游客的绝好机会。每年中秋临近时，当地著名的乌节路、新加坡河畔、牛车水及裕华园等地装饰一新，吸引各地游客观光。入夜时分，华灯初上，大街小巷一片红彤彤的景象，令人心动。新加坡河畔曾矗立一盏长 300 米、高 4.5 米，耗资 7 万美元制作的祥云巨型龙灯，每当夜幕降临，喷着水的巨型龙灯通身发光，将新加坡河面照得一片火红，场面十分壮观。

马来西亚华人占其总人口的五分之一还多，首都吉隆坡是世界上节假日最多的地区之一，既有伊斯兰教节日，也有中国的节日。吃月饼、赏月、提灯笼游行是马来西亚华人世代相传的中秋习俗。中秋临近，马来西亚各地的老字号商家纷纷推出各色月饼，首都吉隆坡超市内各大卖场都设有月饼专柜，各种媒体的月饼广告铺天盖地，为喜迎中秋节营造节日气氛。吉隆坡一些地方的华人社团还举行提灯笼游行庆中秋活动，除舞龙、舞狮外，一辆辆载有“嫦娥”“七仙女”的花车漫游其间，服饰鲜艳的艺人和青年载歌载舞，热闹非凡。

菲律宾节日也多，有圣周节、复活节、万圣节、圣诞节，而中秋节是生活在菲律宾的华侨、华人非常重视的传统节日。菲律宾首都马尼拉的唐人街届时热闹非凡，当地华侨、华人举行为期两天的活动，欢度中秋节。华侨、华人聚居区的主要商业街道张灯结彩，主要路口和进唐人街的小桥上都挂上彩幅，许多商店出售自制的或从中国进口的各式月饼。中秋庆祝活动包括舞龙游行、民族服装游行、灯笼游行和花车游行等活动，吸引了大批观众，使历史悠久的唐人街充满了欢快的节日气氛。

位于朝鲜半岛的韩国和朝鲜有三大节：春节、中秋节、端午节，过得很隆重，也很热闹。但相比较而言，韩国重视中秋节，朝鲜重视端午节。韩国人重视中秋节，把它当作第二大节，韩语名称可音译为“韩佳字”，汉文名叫“秋夕节”，或称“秋文节”。它在韩国是一个庆祝丰收和感恩的节日，人们用祭祀的方式来感谢祖先保佑喜获丰收。节日期间的主要活动是团聚、吃松糕、祭祖、扫墓、庆丰收等。

中秋节传入日本是在唐朝后期、奈良时代，称“十五夜”，意思就是“中秋的明月”。到了平安时代形成在宫廷边赏月边宴饮之俗，称为“观月宴”。人们围席而坐，一边赏月，一边饮酒聊天，还有文人即兴赋诗，时称“和歌”，让大家点评。这风雅之举受到社会追仿，遂使八月十五赏月宴饮的习俗流传到中下层社会。

在“十五”夜，日本乡村民众的主要习俗是祭月、庆丰收。祭月既是对自古就有的月亮信仰的继承，也融合进了庆丰收的内容，而且它主要是一种感谢上天佑助丰收的祭礼，这时月亮成为上天的代表。人们在月光朗照的地方摆上鲜花，供上刚收获的芋头、红薯、白萝卜、豆子等，用新粮做的食物如团子、馒头、年糕、米饭、面饼等，还有苹果、梨、柿子等水果。有的地方还摆上水酒，旁边放上灯笼。

人们常说，文化是没有国界的。源于长安的中秋节，经过千余年的文化凝练，成为经典节日，且已走出国门，传播中华文明。它正以自己丰富的内涵、旺盛的生命力感染世界，使之成为展示民族亲和力和影响力的平台，成为海外认识中国文化和价值观念的文化载体。

月光下的思念

第四节

但愿人长久，千里共婵娟。

——宋·苏轼《水调歌头·丙辰中秋》

先民有自然崇拜，他们认为世界上的一切有先后，存在某种神秘的指挥者。它们拥有超自然的伟力，上天入地，呼风唤雨，无所不能。它们主宰着一切，这就是有灵魂的“神”。《淮南子·精神训》里写道，“日中有踆乌，而月中有蟾蜍”。蟾蜍即蛤蟆，相传是后羿妻嫦娥奔月后的化身。在神话传说中，最早拜月的故事与嫦娥后羿有关。成书于战国初年的《归藏》一书，首先记载嫦娥奔月故事；西汉《淮南子》和东汉张衡《灵宪》中，对嫦娥奔月神话有了更加详细的记述。相传，嫦娥和后羿本来是一对恩爱夫妻，后羿力大无穷，能开万斤宝弓，搭神箭，一口气射下九个太阳，为民造福，成了万民敬仰的英雄。但嫦娥与后羿结局不好。相传，嫦娥得知西王母有不死药，于是天天催丈夫去寻。后羿被妻子的唠叨困扰，只得长途跋涉来到昆仑山会见西王母，向西王母诉自己的苦衷。西王母深表同情，当即把不死药交给后羿，后羿兴高采烈地拿回家，准备夫妻二人一起服用。嫦娥见到不死药，激动不已，一口吞了下去，忽然觉得身体变轻，腾空而起，朝月亮飞奔而去，从此定居月宫。可是月宫凄清寂寞，嫦娥想起丈夫的照顾和家庭的温暖，感到十分惆怅，但已无法挽回。后羿孤零零在地球上做了第一个“留守丈夫”，天天思念月宫里的嫦娥，每当月光如水一样洒下来，在静谧安详之夜，后羿就开始拜月，成了天下第一个拜月的男子。

如果说后羿是男子拜月第一人，那么女子拜月第一人是齐国丑女无盐。据《列女传》记载，战国时，齐国无盐（今山东东平）有女名叫钟离春，亦名无盐，生来就丑，白天不愿出来见人，晚上夜深人静的时候时常出来拜月。无盐因为品行

月光菩萨　莫高窟第 384 窟南壁佛龛外东侧（中唐）　敦煌研究院提供

不错被选进齐宣王后宫，但这只是给宫外人看的，齐宣王还是喜欢美女，四十岁未嫁的无盐进了王宫别说见国君，连宫里的一般人都没正眼看过她，她虽然心里郁闷，但有苦难言。有一年八月十五，宫里人都出来赏月，无盐混在人群中也走出王宫，无盐虽然丑但很有才，在赏月的时候就感悟出齐国有四大危害，自请向宣王陈述“四殆之义”。有才气的女子就显得多了几分气质，有气质的女子在月光下就显得与众不同了。齐王听了无盐“四殆之义”，句句在理，朦胧月色下看无盐，婷婷婉婉的，更加楚楚动人，觉得她德才双馨、美丽出众，一下子喜欢上了这个月下美人，后来居然立她为后。猜想她大概只是晚上见君王，否则阳光下一切就穿帮了。

人们把无盐的华丽转身归结为她虔诚拜月，拜月的习俗从此诞生了。每个拜月的女子都怀揣着一个美好期盼，祈求自己貌似嫦娥，面如皓月，永远美丽娇媚。

在汉代皇帝中，春天祭日、秋天祭月已是国之大节，而对月光情有独钟的是汉武帝刘彻。刘彻主政五十四年，是中国历史上两千年来享国最长的君王之一，他是一位好玩、好幻想的皇帝，除了外攘夷狄外，喜欢旅游，喜欢乐舞，喜欢文学，喜欢美女，喜欢神仙。他既是汉军的统帅，又是月光下最经常出现的游客。据《史记·封禅书》《汉书·郊祀志》等记载，汉武帝采纳方士建议，正月十五于甘泉宫祀太一神，在月光下举行盛大的燃灯会，通宵达旦，从此形成了正月十五张灯结彩之节，约定成俗，千百年来盛行不衰，代代相传至今，使灯节成为挥洒激情、独具风采的节日。汉武帝也是钟爱李夫人的丈夫。李夫人病逝，怀念李夫人心切的汉武帝，相信齐人方士少翁招魂之术，在月光下，在帷幔上望见了日夜思念的李夫人影像，此举成为后世皮影戏的鼻祖。

元末明初著名作家罗贯中，博采民间故事，在《三国演义》中给汉末塑造了一个美女貂蝉。小说中描写她是汉献帝时司徒王允家歌姬，王允见她美丽动人，就收为义女。貂蝉喜欢拜月，有一个夜晚她在王允家后花园拜月，一阵风吹过一片浮云，恰好把月亮遮住了。这一情形，被王允看见了，第二天就开始对外大肆宣传义女如何漂亮，月亮见了她羞得扯了块云彩藏起来了。从此就有了“闭月”之说。也许这是“沉鱼落雁，闭月羞花”中“闭月”一词的源头。从此姑娘、少妇把拜月当成一件风光之事来做。月光把缠缠绵绵的故事演绎得曲曲折折、丰富多彩。

汉唐时，不仅灯节拜月，还有七夕拜月、中秋拜月。曾任杭州司马的“大历十才子”之一的李端，在《拜新月》诗中吟道：

开帘见新月，便即下阶拜。

（录自高国藩《敦煌民俗学》，上海文艺出版社，1989年版，第296页）

道士、诗人施肩吾《幼女词》云：

幼女才六岁，未知巧与拙。
向夜在堂前，学人拜新月。

（录自高国藩《敦煌民俗学》，上海文艺出版社，1989年版，第296页）

这两首诗都是写拜月，虔诚之心、真纯之情，惟妙惟肖地通过诗句展现在读者面前。文人也喜欢赏月、拜月，全唐诗49000多首，写月亮者5377首，占11%；流行的《唐诗三百首》，涉及月亮的81首，占比高达27%。诗仙李白同时也是酒仙、月仙。李白一生穷愁，常借酒消愁，对月抒情。李白之月，是寄情之月、浪漫之月，《月下独酌》吟道“花间一壶酒，独酌无相亲。举杯邀明月，对影成三人”。当酒酣兴发之际，吟诗《把酒问月》：“青天有月来几时？我今停杯一问之。人攀明月不可得，月行却与人相随。”“今人不见古时月，今月曾经照古人。古人今人若流水，共看明月皆如此。唯愿当歌对酒时，月光长照金樽里。”传说李白是醉后扑江捞月而死，这说明他对赏月不仅有兴趣，而且“欲上青天揽明月”，踏着皎洁的月光，飞仙而去。“一朝入海寻李白，空看人间画墨仙”，后世无数文人望月感怀，倚楼对影，抒发幽情。

每年七夕，牛郎织女鹊桥相会，至今仍为民俗佳话。“牵线搭桥”是撮合男女爱情的俗语，牵线牵的是月老的红线，搭桥搭的是喜鹊的爱桥。千百年来，七夕牛郎织女相会，姑娘、少妇乞巧，家喻户晓。七夕，除了牛郎织女相会故事外，还有唐玄宗与杨贵妃之恋，也是民间茶余饭后常谈的话题。有一年七夕，二人住在华清池长生殿，夜阑人静时，多愁善感的杨贵妃突然抽泣起来，最后放声大哭，简直成了泪人。唐玄宗温存劝慰，收效甚微。过了好久，杨贵妃才说出心事：“妾遥望牛郎、织女二星，不由得真慕其夫妻长久，妾恐自身不如也！”玄宗再三追问是何原因，杨贵妃又说：“妾览前史，每见时过境迁，秋扇抛残，怎能不为之伤情呢？”杨贵妃所忧虑的并非没有道理，那些后宫妃嫔，年轻时以美色事君，人老珠黄时往往色衰爱弛，遭到无情抛弃。杨贵妃的衷曲深深打动了唐玄宗，这对有情人遂互相盟誓，“在天愿作比翼鸟，在地愿为连理枝”，生生世世永不分离。白居易《长恨歌》中所写的“七月七日长生殿，夜半无人私语时。在天愿作比翼鸟，在地愿为连理枝”就是叙述这一情景。这段宫廷史，后来被写入传奇小说，编成中国历史上有名的一出戏剧——洪昇的《长生殿》。独具慧眼的陕西旅游界将这个故事演绎成舞台剧《长恨歌》，在华清宫景区演出。每当上演此剧，场场爆满，很受欢迎，成为全国旅游界一大亮点。

勃兴于唐代的中秋节，到了宋代更加流行。《东京梦华录注》记载，“中秋节前，诸店皆卖新酒……贵家结饰台榭，民间争占酒楼玩月”，笙歌远闻千里，嬉戏连夜至晓。看来宋代的中秋夜是不眠之夜啊，夜市灯火通明，大街小巷到处是出来赏月的游人。

因为全民性的拜月行动，宋代画家都喜欢用画面表现瑶台月色下女人的美丽，《瑶台步月图》就是代表。画面上几位美女，个个亭亭玉立，正站在月下的瑶台上轻声细语地商量拜月的事，从她们的装扮看，这几位美女都是富贵人家的少妇和小姐。

宋代女人做事仔细，所以瑶台拜月的程序也相当讲究，她们把八月十五拜月这件事情放到重要议事日程，这个夜晚成了女人们真正的节日，男人们都外出赏月了，她们登上瑶台，为自己送上最美好的祝福。她们虔诚地向一轮圆月祈祷：让我们永远美丽！

《瑶台步月图》及局部　宋·刘宗古　汇图网提供

第七章

敬老情切重阳节

重阳节是夏历的九月九日。《易经》将九定为阳数，两九相重故称“重九”，又因日月逢九，两阳相重，故名“重阳”。正如魏文帝曹丕给太傅钟繇的书信上所说：“岁月往来，忽复九月九日。九为阳数，而日月并应，俗嘉其名。”

萌芽于战国

第一节

重阳节是一个历史悠久的节日，究竟起源于何时？尚无定论。远在战国时代已有重阳之名，屈原《远游》诗云："集重阳入帝宫兮，造旬始而观清都。"句中的"重阳"就是佐证。但洪兴祖解释为"积阳为天，天有九重，故曰重阳"。联系上下句分析这里的"重阳"是"九重天"的意思，并非节日之名。可是，就登高望远，饮菊花酒之风俗活动，在战国时已开其端。屈原《离骚》诗云，"朝饮木兰之坠露兮，夕餐秋菊之落英"，可见战国时已有餐菊之俗。但何时登高，何时饮菊花酒，他们与重阳节是否有联系，尚未发现明确记录，不可详考。根据今日所见古籍的记载，至迟在西汉时，重阳节已成了固定的节日，且增添了佩茱萸、饮菊花酒、登高等风俗。

重阳赏菊（选自《月曼清游图册》
清·陈枚　汇图网提供

定型于汉长安

第二节

据《西京杂记》记载，汉高祖的宠妃戚夫人有一侍儿名贾佩兰，在宫中时，每遇“九月九日”便“佩茱萸，食蓬饵，饮菊华（花）酒”。茱萸，又名“越椒”，或称“艾子”，是一种药用植物，其味香烈，有驱虫、除湿、逐风邪、治寒热、利五脏、延年益寿等作用。所以，古人将茱萸作为驱邪的神物，每逢重阳节，人人佩戴，后世称之为“茱萸会”，或称重阳节为“茱萸节”。至于菊花酒，那是用菊花酿制而成的。菊花凌霜不枯，傲寒而开，气味芬芳，是延年益寿的佳品。因此，汉人每当菊花花蕾含苞待放时，采花蕾叶茎，杂以黍米酿制，待到次年九月九日开坛取饮。汉魏时期，无论宗室贵族，还是达官商贾无不喜欢。唐代诗人沈佺期《九日临渭亭侍宴应制得长字》诗云：“魏文颂菊蕊，汉武赐萸囊。……年年重九庆，日月奉天长。”显然，佩茱萸、饮菊花酒在汉代已成为重要的节日习俗了。

插茱萸　莫高窟第 112 窟西壁（中唐）　敦煌研究院提供

登高祈福

第三节

遥知兄弟登高处，遍插茱萸少一人。

——唐·王维《九月九日忆山东兄弟》

重阳节登高习俗也始于西汉，《西京杂记》记载，“三月上巳，九月重阳，仕女游戏，就此祓禊登高”。而后给登高又涂上了一层神话色彩。据《续齐谐记》记载，东汉时汝南（今河南上蔡）人桓景，随方士费长房学道术，游学多年。一天，费长房告诫桓景说：九月九日这一天，你家会有大灾，你可速回家，让全家大小皆佩戴一只装有茱萸的绛色袋子，系于臂上，登高饮菊花酒，便可消灾免祸。桓景听罢，匆忙回家，遵照师傅所嘱，令全家登高。到傍晚回家一看，院中的鸡、狗、猪、牛、羊均已暴死。费长房闻讯说：“这是家畜代你全家受了祸。”《续齐谐记》是南朝梁人吴均为刘宋时期《齐谐记》所作之续，《齐谐记》得名本系取自《庄子·逍遥游》“齐谐者，志怪者也”，书中所记多为怪诞不经之事。如果剔除其迷信成分，可以看出它反映了古人殷切盼望消灾避祸、健康长寿的美好愿望。

汉代重阳登高、佩茱萸、饮菊花酒的风俗到魏晋隋唐之际，变化不大。如《荆楚岁时记》记载，九月九日，人们都到郊外登高，设宴饮酒。隋杜公瞻也说，重阳设宴集会，不知起于何时，然而从汉代至南朝宋相沿不变。从魏晋时起，不仅佩茱萸，还有插茱萸之说。《风土记》就记载有“此日折茱萸以插头，言辟除恶气令御初寒”。尽管魏文帝说“重阳”是“日月并应，俗嘉其名”的节日，但当时人们不是把这一天视为吉日良辰，而是看成一个令人恐怖之日，因此要登高祓禊，佩茱萸避邪，离家躲灾，饮菊花酒驱疫延年。九月九日虽不像五月五日那样被视作“恶月”“恶日”，起码也是一个不吉利的日子。值得深思的是，一年之中，有三十六个九日。何以古人偏重视九月九日呢？溯本求源，与阴阳五行学说有关。

重九是一个“阳”登勤之日，地气上升，天气下降，天地之气交接。古人为了避免接触不正之气，所以才登高以避邪气。

登高　莫高窟第 61 窟　敦煌研究院提供

手杖春秋

第四节

我国已进入老龄化社会，每当我们走进社区，就会看到一些老年人走路时手里拄着拐杖。许多年老体弱、步履维艰的老人，每天靠手杖扶助和支撑，手杖已成为老年人生活中的重要伴友，是老年人的“第三只脚”。拄杖习俗，在我国历史悠久，已流行几千年，值得关注。

一、手杖，老年人年龄、身份的标志

我国是礼仪之邦，古代的手杖与尊老、敬老密不可分。首先，手杖是老年人年龄、身份的象征。《礼记·王制》记载：“五十杖于家，六十杖于乡，七十杖于国，八十杖于朝。”《礼记》是研究古代礼制的珍贵文献，也是了解儒家思想的资料，据《王制》记载，五十岁以后的老人可以在家中行走用手杖，六十岁以上在本乡拄杖助行，七十岁以上在本郡国拄杖助行，八十岁以上老人在朝见君主时，可以拄杖助行。显然，在重视礼仪的时代里，手杖不仅仅是涉老助行的工具，也是老人年龄与身份等级的标志。

二、敬老授几杖

考古学界大都认为，我国从仰韶文化开始，已出现祖先崇拜，这是初民对自己血亲先辈的敬仰。之后，历代王朝关注老人问题，周文王在岐山下的周原立国，行仁政，敬老、慈少，敬礼贤者，天下士人闻风而动，纷纷归附。善待老年人是周人治国的重要方略之一。上文所引《礼记》一书记载周代敬老礼仪，尽管书中有儒学门徒们的理想成分，但其中自然保留了不少远古历史的影子，给老人赐几杖，就是那个时代重要的敬老、尊老措施之一。

至迟战国时代已出现赐几杖之风。《吕氏春秋·仲秋纪》记载：“是月也，养衰老，授几杖。”每年八月为授几杖之月。《礼记·曲礼》记载：“谋于长者，必操几杖以从之。”唐人孔颖达疏：“杖可以策身，几可以扶己，俱是养尊者之物。”汉代以前，没有椅子，仅有矮小的桌子，称“几”。老人居则凭几，行则携杖，人们相聚，席地而坐。与老人议事，应当在座侧设几和手杖，以示尊老、敬老。那时，士大夫满七十岁向国君告老致仕时，如果一旦得到国君批准，一定要赐给他几和手杖，这是礼仪，也是时尚风俗。

据《史记·孝文本纪》记载，西汉文帝即位之初，拥有三郡五十三城的吴王刘濞已露出不臣的形迹，他收容中央和别国的逃犯，作为爪牙，又趁太子被杀之机，称病不朝，宽仁的文帝为了安抚他，派使者到吴国赐刘濞几杖，表示他不到京城朝见文帝也不为罪。

据《史记》《汉书》《武威汉简·王杖诏书令简》可知，从汉武帝之后，儒术独尊，到了东汉，尊老、赐几杖成为汉代重要制度，不仅是优待退休官吏，还发展到赐给社会上七十岁以上所有老人。据《后汉书·章帝纪》记载，章和元年（87年）秋天，汉章帝下诏赐予天下老人几杖和糜粥，以示对老人的关怀和尊敬。汉代这个制度为历代各朝皇帝所传承。北朝时期，鲜卑族主政北魏时，聪颖好学、深慕汉文化的孝文帝拓跋宏于太和十六年（492年）下诏，赐予京都平城（今山西大同）老人以鸠杖。《册府元龟·帝王部·养志》记载，唐太宗李世民，巡视洛阳时，曾赐给名医甄权几杖。那时，帝王赐老人几杖在历史上屡见不鲜，多不胜举。

授鸠杖的开创者为汉高祖刘邦。《风俗通义》记载，楚汉两军决战于荥阳时，汉王兵溃，逃入丛林中，时有鸠鸟鸣于上，楚军不疑，刘邦方得逃脱。及其即位，追忆往事，作鸠杖赐予七十岁以上老人。之后，形成制度，为各代君主所传承，重点是授给德高望重的退休高级官吏。如东汉安帝时，八十八岁的左中郎将李充，为官一身正气，不媚上，不畏权，在敬老仪式中担任三老，汉安帝特赐几杖，以示尊老。

汉代退休官吏的手杖是九尺长的玉制品，顶端刻鸠鸟的形象作装饰，称鸠杖或玉杖。持有玉杖的老人，还会享有社会优待，人格尊严受到法律保护，老人倘若被人侮辱或殴打，将以大逆不道治罪。如1959年出土的《武威汉简·王杖诏书令简》记载，西汉成帝河平元年（前28年），殴击玉杖主被下令弃市。1981年出土的汉简记载，成帝元延三年（前10年），汝南郡王安世等皆因殴辱玉杖主被下令弃市。从这些竹简中，可以看出授几杖是汉代尊老、敬老的重要措施之一，毋庸质疑。

三、赐杖礼

赐几杖的风俗到了魏晋时期依然盛行。值得大写一笔的是唐开元二年（714年）九月，唐玄宗李隆基在长安大明宫含元殿大宴京城老人，并举行最为隆重的赐几杖仪式。据《新唐书·玄宗本纪》记载，唐玄宗初即位，励精求治，创建新制，吏治清明，尊老敬老，教化庶民。隧下令给京城老人，年龄九十岁以上者赐几杖，八十岁以上者赐鸠杖。与此同时下诏各州县长官，要在适宜之时设酒食款待辖地老人，参照京城标准赐给他们几杖和鸠杖。对于年迈的老年妇女，诏令要求地方官吏将赐予的几杖和鸠杖送到她们家中。这次由皇帝亲自主持的给全国八十岁以上老人的赐杖仪式，不仅是盛唐的创新之举，也是中国古代史上规模最大、仪式最为隆重的赐杖礼仪。

唐代之后，随着社会经济的发展，科技的进步，民间桌椅的广泛普及，席地而坐习俗为之一变。尽管，尊老之风依然传承，手杖仍为老年人生活必备物，但依附在它身上的礼仪外衣，随着时光的流逝，已被历史烟尘湮没了千百年。意想不到的是，到了清末、民国初年，手杖却时来运转，蒙上了高雅的面纱，冠以“文明棍儿”的美誉，堂而皇之地进入公众视野。从海外留学归来的青年学子，头戴礼帽，西装革履，手持文明棍儿，迈着八字步漫步街头，文质彬彬，举止潇洒。行政长官、学校老师、地方绅士也追逐时尚，头戴礼帽，身着马褂，手拄文明棍儿，风光无限。在城市、机关、学校、社会团体，文明棍儿风行一时，成了香饽饽。中华人民共和国成立后，文明棍儿又成了资产阶级生活作风的标志之一，随着时代发展，红极一时的手杖又变“黑”了，如今已淡出了人们的记忆。

在老年生活用具中，像手杖这样随世道变易，时而高贵、尊严，时而文明、时尚，时而失宠、落寞，角色如此变换，这是唯一的。但笔者相信，今后无论世道如何变易，老人与手杖朝夕相伴是不会变的。

第八章

节日漫谈

汉长安，是中国传统节日的破晓地；唐长安，是中国文化的“芯片”，是中国的DNA。那时，国富民强，经济繁荣，文化多元，开放融合，海纳百川。元日的爆竹、元夕的花灯、寒食的祭祖、清明的踏青、端午的龙舟、七夕的乞巧、中秋的赏月、重阳的登高敬老，每一个节日，都是一场文化的盛宴，反映了盛世气象、大国风范。每逢佳节，亲人相聚，阖家团圆，相互祝福，尽享天伦之乐；友人相聚，或赏景赋诗，或游春访胜，其乐无比。那一个个温馨、团聚之日，那一个个开放、欢乐的节日习俗，像一条清幽的历史长河，展现在我们面前，令人难以忘却；那一个个佳节都是醇香的陈年老酒，“佳节唯宜饮”，请您和我走进传统节日的锦苑之中，共赴这场节日的饕餮盛宴吧！

记录节庆第一人——司马迁

第一节

《史记》是中国古代百科全书式的皇皇大作，它不仅是“史家之绝唱，无韵之《离骚》”，而且是第一个记录古代特别是汉代节日文化的不朽之作。文化界大都认同，传统节日（中和节、中秋节除外）定型于汉，长安是传统节日文化的破晓地，这一论点的问世，与司马迁的《史记》密不可分。

一、元旦朝贺礼

春节是中华民族的第一大节，所以有“百节年为首”说。

古代年节亦称“华节”“芳节”“良节”“嘉节”“韶节”“淑节”。年节中，朝贺礼又称“朝仪”或“朝岁礼”，这是宫廷每年第一个最隆重的礼仪。也是年节的核心内容。司马迁《史记》中有关朝贺的文字记录多多，其中《秦始皇本纪》《高祖本纪》《吕太后本纪》《孝武本纪》《天官书》《刘敬叔孙通传》为我们提供了秦汉时代举行朝仪的信息。《秦始皇本纪》记录，秦始皇二十六年（前221年）一统天下，朝臣们元旦入朝给皇帝拜年朝贺，从十月初一开始，共庆佳节良辰。书中记载，“改年始，朝贺皆自十月朔”。这一制度为汉代传承，《刘敬叔孙通传》云：“汉七年，长乐宫成，诸候群臣皆朝十月。”《高祖本纪》记载，高祖十年（前197年）“十月，淮南王黥布，梁王彭越、燕王卢绾、荆王刘贾、楚王刘交、齐王刘肥、长沙王吴芮，皆来长乐宫”。这是异姓王与同姓王行朝贺礼，为汉高祖拜年。汉初，汉承秦制，行《颛顼历》，以九月为一年之终，十月为岁首，十月一日为元旦，所以十月诸王皆来行朝贺礼，汉武帝太初元年（前140年）改行《太初历》，以正月为岁首，所以《天官书》记载：“正月旦，王者岁首。”

如果说《高祖本纪》所记朝仪仅只言片语，比较零散，那么《刘敬叔孙通传》记录了汉初行朝仪的全过程，揭开了朝仪的神秘面纱。众所周知，出身低微的汉高祖刘邦即位后，废除秦朝礼仪，每当朝会庆贺时，朝堂一片混乱。当此之时，降汉的原秦博士叔孙通，自告奋勇，为汉制作一套简便易行的朝仪，汉高祖大喜，立即批准。汉高祖七年（前 200 年）十月，新年来临之际，巧值长乐宫告成，汉高祖遂令君臣至长乐宫欢庆新年。届时各路诸侯王与文武百官依次上殿拜贺，人人尊礼，个个肃静。

叔孙通导演的朝仪的核心是严明等级秩序，以体现君臣之礼，贵贱、尊卑有别。汉惠帝二年（前 193 年）十月，同父异母的齐王刘肥与惠帝宴饮于太后前，未行君臣之礼，险些命丧黄泉。这一礼仪为后世帝王传承两千多年，成为春节的经典礼仪，并加以粉饰，形成了一种君臣之间庄严肃穆、令人敬畏的节日礼仪。这是汉高祖定都关中、入驻长安后第一个节日礼仪，从此刘汉王朝的旗帜在长安城头高高飘扬。

二、冬至

当我们把探索的目光移向冬至节时，便会发现司马迁《史记》中记录节日文化最完备的当推冬至。

冬至既是二十四节气中出现较早的节气之一，又是古代仅次于过年的重大节日，这是古人观测天象、探索天气变化的硕果。司马迁是世传的太史令，其职责是“掌记天事、星历、良日、禁忌”等。他记录冬至文化活动可信度是不言而喻的。《史记》中记录冬至的文字最多，其中重要的有六处，在《律书》中说：“气始于冬至，周而复始。”又在《天官书》中说：“岁始或冬至日，产气始萌。”那时，人们认为冬至是节气循环的开始，是吉庆之日，之后阳气回升，春天也就不远了。正如杜甫《至后》诗说：“冬至至后日初长。”

司马迁《封禅书》记载：“（黄）帝得宝鼎神策，是岁己酉，朔旦冬至，得而复始。”这就说，黄帝时的己酉年元旦正是冬至。所谓“得天之纪”就是冬至为元旦，从黄帝时已开始了。也许这是第一个记录地老天荒时代的文化信息——冬至的流变史。

在《史记》中，司马迁不仅记录冬至是阳气的起点，而且记录了冬至祭天迎冬至的礼仪。《后汉书·礼仪志》记载，冬至日“百官绝事，不听政”。《淮南子》记载：“冬至日，天子率三公九卿迎岁。”而司马迁在《孝武本纪》中提供了汉武帝时代两次祭天的信息。一次是元鼎五年（前 112 年）“十一月辛巳朔旦冬至，昧爽，天子始郊拜太一”。也就是说辛巳朔旦冬至到来之时，天刚刚亮，汉武帝到郊外祭拜太一神，以迎冬至。另一次是太初元年（前 104 年），“十一月甲子朔旦冬至，……天子亲至泰山，以十一月甲子朔旦冬至日祠上帝明堂，每修封禅”。这是太初元年冬至来临，汉武帝亲自到泰山在明堂祭拜上帝，没有用封禅的礼仪。从这两条信息中，我们可以看出冬至的重要礼仪是祭天神。那时，凡皇帝祭祀礼仪，太史令必然扈驾相从，书中所记自然是行礼的真实记录。

当我们爬梳、辨析、诠释这些冬至文献资料，勾画出汉代冬至活动的轮廓，厘清汉代冬至节日礼仪的发展脉络，显然，汉武帝时代，冬至已定型化，节日礼仪已初具规模，且达到高峰。

三、上巳节

我国古代把农历三月上旬的第一个巳日称“上巳节”。上巳节亦称“三巳”，或称“元巳”。这个传统节日萌芽于西周时代春节举行的祓除活动。西周时，每逢上巳，女巫去河边举行消灾除凶去垢的仪式，人们到河边用浸泡了香水的水沐浴，祓除疾病，祈福吉祥，史称这一仪式为“祓禊”或“祓除”。这是周公制礼作乐的内容之一。显然，上巳节在西周已奠定基本模式。战国时代，郑国也传承这一习俗。

汉代重视上巳节，每到上巳之日，长安万人空巷，走出家门，来到京城东的灞水或浐河旁沐浴，洗去积秽，祓除不祥。司马迁在《吕太后本纪》《外戚世家》中记录了汉代皇家参加祓禊仪式。《吕太后本纪》记载，吕太后七年（前 181 年）“三月中，吕后祓还”。《外戚世家》记载，建元二年（前 139 年）“武帝祓霸上还”。这些细碎支离的文字告诉我们，上巳节是一项群众性广泛参与的文化节，灞水是汉长安城洗濯祓除最热闹的场所。尽管寻常百姓的节日沐浴活动，如同灞河的水滴消失在历史的长河中，未留下些微痕迹，但汉高祖、吕太后、汉武帝这些天潢贵胄却在上巳节入乡随俗，走出围城，来到灞水之滨，祓除不祥。《唐会要·节日》记载，唐德宗贞元五年（789年）正月十一日诏令："汉崇上巳，晋纪重阳。"《西京杂记》也有记载："三月上巳，九月重阳，仕女游戏，就此祓除登高。"如此看来，汉代上巳节是一个重要的节日，不容置疑的。

四、改正朔

司马迁不仅在《史记》中记录了汉代节日民俗的活动，而且参与了改正朔。《礼书》记载：

> 乃以太初之元年改正朔，易服色，封泰山，定宗庙百官之仪，以为典常，垂之于后云。

改正朔即改岁首之月。正朔，即一年第一天开始的时候，正，一年之始；朔，一月之初。古代改订历法，颁布历法，宣布正朔，是王朝易姓的重大政治更新，是上天赋予统治者皇权的象征，接受正朔，是承认王朝统治权，是臣服的象征。如夏朝建寅（以农历正月为岁首），商朝改建丑（以农历十二月为岁首），周朝建子（以农历十一月为岁首），秦朝建亥，行《颛顼历》，以十月为岁首。汉武帝太初元年（前104年）年改正朔，在《史记》中《孝武本纪》《礼书》《历书》《封禅书》《太史公自序》，为我们留下许多制定《太初历》的文字记录。元封七年（前104年）冬十一月甲子日，恰逢冬至，是历法起算的理想时刻，太史令司马迁与中大夫公孙卿、壶遂等建议"宜改正朔"。汉武帝采纳这个建议，下诏由司马迁、方士唐都，天文学家落下闳、历官邓平制定新历，即《太初历》。《太初历》的改订司马迁是第一功臣，他曾说："余与壶遂定律历。"

《太初历》是中国历史上第一个比较完整的历法，也是我国历法史上一次重大改革，创新之功不可灭，正如学者李长之《司马迁之人格与风格》中所说："《太初历》对后来的影响之大，不下于《史记》。"这个评价，恰如其分。

司马迁是汉代节日文化的参与者、体验者、目睹者、作证者、求证者、记录者，他以经世之才，"网罗天下放矢旧闻"，用简洁的文字、对古代节日作了忠实的记录，原汁原味地散布在《史记》各篇中，令我们高山仰止，心存敬畏。他是古代历史天幕上恒久闪耀的明星。

秦岁首——秦朝怎样过年

第二节

公元前221年，秦王嬴政横扫六国，一统天下，建立了巍巍大秦帝国。在秦朝君臣的胜利欢呼声中，人们的节日膳食生活进入了一个新时代。那时，秦王朝从昭襄王时代开始推行《颛顼历》，以农历九月为一年之终，九月三十日为除夕，十月为岁首，即以每年十月为一年之始，时称“秦岁首”。《荆楚岁时记》记载：“十月朔日……俗谓之秦岁首。”十月初一为秦朝新年开始的日子。秦二世因避秦始皇之讳，改正月为端月。

过年的历史极其悠久且备受重视，每次举行的仪式也很隆重。《史记·秦始皇本纪》记载：“改年始，朝贺皆自十月朔。”当此之时，三公九卿等各级官吏向秦始皇献礼，恭贺新年，成为岁首的首要礼仪，时称“朝仪”，或称“朝贺礼”。朝仪由周公创立，它规范了官场的行为方式（包括生活方式）、思维方式，使其制度化，最终成为一种礼仪。秦人怎样朝贺？只因秦始皇焚书坑儒，礼仪内容缺失。《史记·叔孙通传》记载，汉初，善于察言观色的原秦朝博士叔孙通导演的朝仪应是周礼与秦朝仪的综合。

秦朝春节宴席主食中最大的特色——可以吃面了。秦始皇是第一个吃面的皇帝，以《谏逐客书》而久负盛名的李斯也是第一个吃面的宰相，麦在主食中的地位提高了。众所周知，先秦时代，先民的饮食文化处于初创阶段，人们的主食是各种谷物，《战国策·韩策一》记载，张仪为秦连横说韩王曰：“韩地险恶，山居，五谷所生，非麦而豆，民之所食，大抵豆饭藿羹。”豆饭即以豆为饭，藿即大豆叶子，嫩时可食。稻、麦不能成粉，有些地方把谷物放在石臼里用杵来舂捣，吃时把整粒谷物放进鼎里。炒熟的乾粮叫“糇粮”，类似今之炒豆，也称“糗粮”“火食”；谷物煮熟称“粒食”，类似今之麦饭。《庄子·山木》曰：“孔子围于陈蔡之间，七日不火食。”《礼记·王制》记载：“东方曰夷，被发文身，有不火食者矣。”“北方曰狄，衣羽毛穴居，有不粒食者矣。”因北方天寒地冻，少五谷，故不以谷物为食。可见，从远古到战国几千年，先民常用的烹调方法是煮或炒，吃时大家席地而坐，你一鼎，我一鬲，分餐而食。

秦朝达官显贵新年和米面结缘，与磨、碾的发明密不可分。元王桢《农书》卷十五记载，昔圣人教民杵臼，而粒食资焉。后乃增广制度，而为碓，为硙，为砻，为碾等具，皆本于此。这里的碓即石臼，硙即磨子，砻是去壳的工具，碾也是谷物加工工具。当时硙、碾是最先进的谷物加工设备，它们的发明具有划时代意义。硙、碾改变了先秦时期“粒食”之俗。相传硙是春秋末鲁国著名工匠鲁班发明的，硙、碾发明后，稻谷、麦子可以加工成粉了。1957 年在河南洛阳发现了战国时代石磨，形状与旧时乡村的石磨相似，这件文物的出土，传递了一个重要信息，石磨的发明与推广使人们的膳食生活进入新阶段，战国时代米、面皆食渐现端倪。面食的出现，也是古人膳食生活改善的起点。

秦代郡守、县令中何人第一个吃面？文献疏于记录，两千多年岁月的流逝让他消失在历史的褶皱之中。值得关注的是，秦代磨、碾尚未普及到郡县，节日期间庶民与贵族的膳食自然不可同日而语，庶民也没有米、面兼食的奢望，他们节日仍以菽、粟、黍为常食用的谷物。

菽即大豆；粟即谷子，去皮后叫小米；黍即糜子，去皮后叫黄米。粟、黍也称稷，先秦史籍中往往“黍稷”连称。《荆楚岁时记》记载：“十月朔日，黍臛，俗谓之秦岁首。”黍臛即杂以黍米的肉羹。当时最有代表性的饭菜是羹，把肉类放进鼎里与蔬菜同煮，有菜叫羹，无菜叫臛。那个年代，奴隶过年能有粗劣的谷物填饱肚子就算幸运了。寻常百姓之家过年吃点肉羹，也是翘首奢望的稀罕物，不啻于尝到一餐过口难忘的御膳。这是秦人庶民新年膳食生活的真实写照。糜子可以酿酒、做糕，今日陕北、晋北仍有吃米饭之俗，黄米有软、硬之分，硬黄米可做黄米饭、黄米馍，软糜子有黏性可做黄米糕、黄米甜饭、黄米粽子等节日美食。

《汉旧仪》记载秦代皇室设“太官，主饮酒”。官吏富豪设作坊制曲作酒，自产自销，度数一般很低。秦代有禁酒令，《秦律·田律》记载：“百姓居田舍毋敢酤酒。”即百姓不可随便买酒，卖酒。可是到了过年，无论是达官显贵还是寻常百姓，欢庆佳节，设宴待客，喝两口是必不可少的。秦人过年所饮之酒是用黍酿造，称黍酒。《吕氏春秋·权勋》记载："临战，司马子反渴而求饮，竖阳谷操黍酒而进之。"饮黍酒之俗从秦至唐宋都十分流行。陆游《剑南诗稿》二四《老景》记载："黍酒时留客，菱歌或起予。"秦代食具、酒具始用漆器取代青铜器，有盛酒的漆壶，饮酒用的漆耳杯、漆卮等。1975 年，湖北省博物馆在湖北云梦睡虎地 11 号秦墓出土了许多漆器，仅漆耳杯就有 23 件。从出土的秦简中可知，墓主是秦狱吏喜，葬于秦始皇三十年（前 217 年）。这是秦代社会生活原汁原味的写照。

至于庶民百姓的酒具，多是陶杯、陶壶、陶碗。秦代酒具特点之一是一器多用，许多酒具也是食器，例如漆碗、陶碗，既可作酒具，也可与食器交叉互用，这一习俗，后世传承不已。

值得注意的是，以十月为岁首之俗，到了汉武帝太初元年（前 104 年）改正朔，以正月为岁首。据清康熙《太平府志》记载，大约宋代之后，秦岁首在中原地区褪尽铅华，代之而起的是送寒衣节之俗。昔日秦人欢呼庆贺新年的笑声被悼念亡亲的哭泣声所替代。笑声何以变哭声？成千古之谜。

春节文化的力量

第三节

每当春节来临，关于春节文化的话题就会涌现。国人何以重复却又乐此不疲地去迎接新春佳节的到来？这是因为春节所形成的系列民俗文化、民俗活力，无不蕴涵着中华民族的伦理道德、行为规范和审美情趣，积淀成为我们民族心底最深的眷恋。它承载着一代又一代人的文化血脉、民族精神和民族情感，也是助推中国梦的珍贵资源。

一、春节与盛世结缘

春节是盛世的产物，它萌芽于西周，定型于西汉，盛行于唐宋，传承至今，一直是举国上下共享、最隆重、最盛大的节日。

春节源于农耕文明，与原始社会的“腊祭”有千丝万缕的联系。那时，一年农事完毕，为报答神的恩赐而举行祭祀众神的庆祝活动，称之为“腊祭”。在节日文化的土壤里总是深藏着先民原始宗教的古老根系。行德治的周公主政时代，尊祖、敬神之礼及岁终驱傩之俗，为节日文化的萌芽注入了周文化的基因。只因夏、商、周三代岁首时间不尽相同，节俗难以定型。

到了汉武帝时代，西汉王朝如日中天，雄才大略的汉武帝令太史令司马迁等人创制《太初历》，并颁行全国，规定正月初一为岁首，即新年的第一天。这在中国节令史上具有划时代意义，它支配国人的时间观念已达两千多年，迄今为止，我们的春节，我们的传统节日无不以《太初历》为准，这是一个值得大书特书的重大事件，是节令史上浓墨重彩的一页。

二、春节的魅力

“有钱没钱，回家过年”。每年春节前夕，身处异地的人，不管有多忙，离家有多远，他们都会背负行囊，风尘仆仆，从各个角落挤向火车站、汽车站、机场，或自驾回家，国人加盟春运人潮。人们不惜钱财，不惜体力，不惜时间，期盼在同一神圣时刻，与亲人团聚，共享佳节。于是在这960多万平方千米的舞台上共同演出一幕又一幕动人心弦的“回家过年”的大话剧。我们从中领悟出民族情感是何等坚韧！

“每逢佳节倍思亲”，春节是个团圆的节日。长期以来，很多在外漂泊的华侨、华人，无论身处世界的哪个角落，也无论有多大成就，即使日常生活早已融入异国他乡，他们仍思念亲人，心系桑梓。一旦春节临近，他们最大的心愿、最重要的选择：回乡过一个团圆年。很多人不远万里，不辞舟车劳顿，扶老携幼，呼儿唤女，心向故乡涌，身向家园移。春节是海外华侨、华人情感交流的纽带。

“一元复始，万象更新”。每年除夕，全国各地及世界各地华人居住地，人不分贫富，地不分南北，无论是繁华都市，还是偏僻乡村，家家户户都会在自己的家里贴年画、家门上贴一副喜庆吉祥的大红春联，表达祈福的愿望与迎新的情意。大红的春联，喜庆的年画，无不昭示着人们在新的岁月里追寻着新的希望。这是春节又一道亮丽的风景线。

无论“回家过年”，还是贴春联活动，都是亲情的召唤，亦是节日文化的力量。“年年岁岁花相似，岁岁年年人不同”。年年轮回，代代相传，节日文化具有旺盛的生命力和影响力，其功能和魅力依然是任何“舶来”的时尚节日难以取代的。

三、春节文化走向世界

春节文化与盛世结缘，它萌芽于盛世，定型于盛世，又在盛世走向世界，可与圣诞节比肩。春节文化从盛唐时代传向朝鲜、日本、越南。

海外华侨、华人对节日文化的传播功不可没。每一位海外华人都是传播节日文化的忠诚使者。哪里有华人，哪里就有春节。浪迹天涯、绝少归期的海外游子，同当地居民一道参加庆祝活动，既传播了中华优秀传统文化，又增强了同当地人的情感沟通，传递了国人的友谊，春节文化正在影响着越来越多的国家和地区。

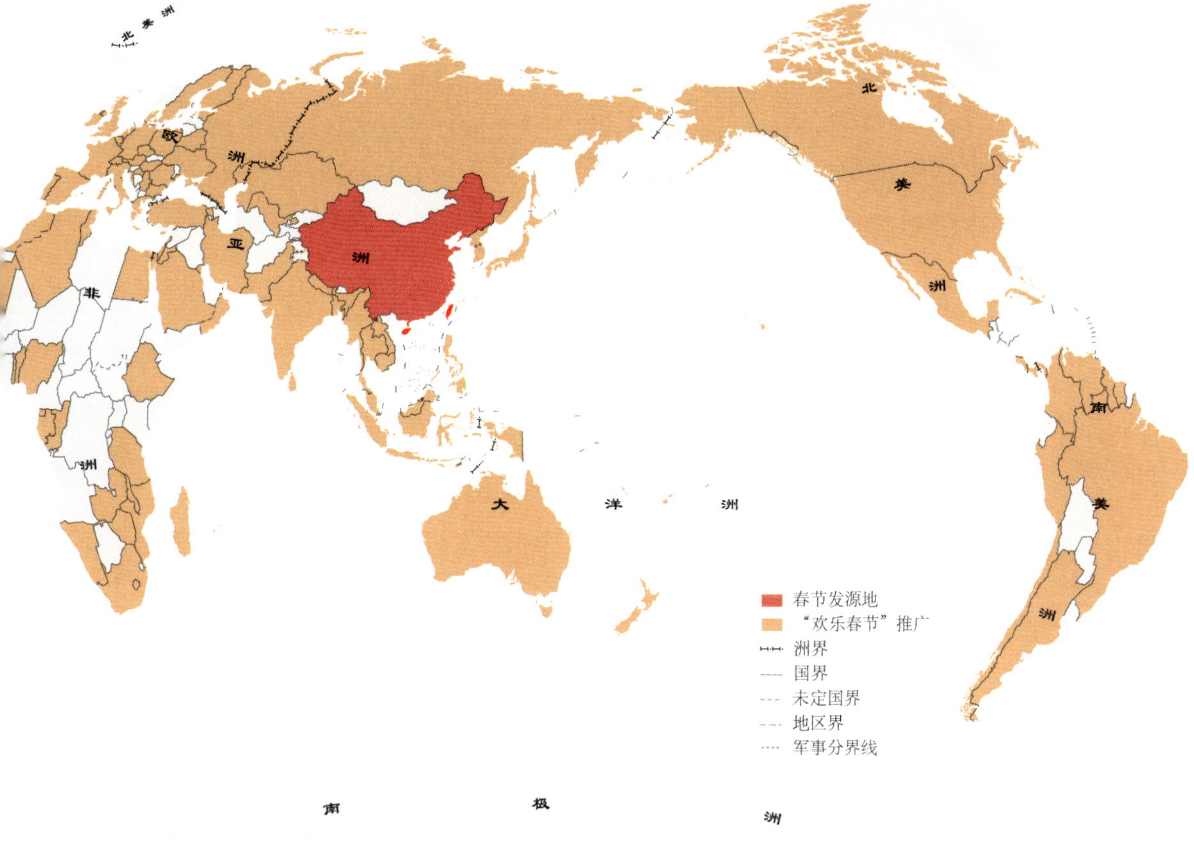

2015年海外“欢乐春节”推广活动范围

春节原本是一区域性的节日，如今随着我国综合国力的不断提升，文化交流的增多，它也带着“年”的传说、生肖的故事、饺子的香味飘向世界各地，越来越多的国家如韩国、越南、印尼、菲律宾、新加坡、马来西亚等国，把春节定为当地法定假日，2023年12月，第78届联合国大会通过决议，将春节确定为联合国假日。我国以动物纪年的十二生肖文化，被许多国家所喜爱。2010年5月10日，联合国邮政首次发行《生肖邮宝》、生肖纪念封，到2021年已连续发行了12张中国农历新年生肖邮票。美、英、法、加拿大、新西兰等国邮政局也先后发行了具有中国特色的生肖邮票。

春节已成为世界各国格外关注的标志性文化符号，从联合国秘书长到各国首脑和政要，在这一天都会发表热情洋溢的春节贺词，向当地华人、华侨送上节日的祝福。

春节文化已阔步走向世界。

春节是中国的，也是世界的。

二十四节气定型于汉长安

第四节

一、定型于汉长安

二十四节气是古代先民长期观测太阳运行的时间体系，是历经数千年的农耕生活创造出来的宝贵遗产，既有丰富的天文、气象方面的科学知识，又有多彩的民俗文化内涵。所以二十四节气是黄河流域先民探索天文、气象、掌握农耕季节的时间指针和日常生活的方向标，也是先民与自然和谐相处的智慧结晶。

提及二十四节气，家喻户晓，《二十四节气歌》连学前幼童都能背诵，但它与关中、长安的关系并非人人皆知。众所周知，二十四节气是人类发展到一定阶段的产物，具有久远的历史，是一种独特的历法制度，它源于史前社会，新石器时代有日、月、星辰崇拜，出土的太阳纹、月亮纹彩陶就是佐证。尽管夏商时代天文、气象文字尚有争议，很难理清脉络，但若跳出时间轴，考察上古文献时就会发现，早在《诗经·豳风·七月》等西周文献中已有节气的雏形。“豳”亦作“邠”，周先人公刘在此筚路蓝缕，艰苦创业，建豳国，自公刘至太王皆以此为都。豳风皆为西周时代之诗，《七月》诗因首句是“七月流火”，故以《七月》为篇名，诗中写西周时期农夫一年间每月的农业劳作生活情形，周人的自然时间观中已有节气的雏形了。

我国古代最早的历史文献汇编第一篇为《尚书·尧典》，大概由周代史官编写，经春秋、战国时儒家补订而成，是研究古代天文地理的珍贵史料。《尧典》中记载帝尧时代的四时观象授时工作，出现了“日中”“日永”“宵中”“日短”等“四仲中星”的记录。四仲，即四季中每季的第二个月的合称：仲春二月，仲夏五月，仲秋八月，仲冬十一月。这四仲中星分别相当于春分，夏至、秋分、冬至。气象学

2019年中国邮政发行《二十四节气》特种邮票　朱文杰提供

家竺可桢教授在《论以岁差定〈尚书·尧典〉四仲中星之年代》一文中认为，“则《尧典》四仲中星盖殷末周初之现象也”。这就是说，殷末周初已有四时之分。记录这一四时之分的时间正是武王灭商、自丰京迁都镐京（今西安西南、沣河东）之时。

关于西周天象观测，周人在其经典文献《周礼·春官宗伯·下·冯相氏》中描述道：“冯相氏掌十有二岁，十有二月，十有二辰，十日，二十有八星之位，辨其叙事，以会天位。冬夏致日，春秋致月，以辨四时之叙。”据此可知，周代重视天文，设掌天文的官名叫冯相氏，冯相氏掌理十二岁、十二月、十二辰、十日、二十八星宿的位置、次序，四时应行之事，观察计算日月星辰在天体中会合的情形，冬至、夏至，立表观日影，春分、秋分测月影，了解四时的气候是否正常，政事的处理是否恰当。周代先民对于一年春夏秋冬四时已有认识，并且按时组织相关人员进行天文测定。这是天文、历法发展的重要里程碑。显然，此时逐渐形成了比较具体的农时观念。

二十四节气形成过程，是先民对太阳周年运行规律认知不断深化的过程。它初具规模于战国末，其重要文献标志就是《吕氏春秋》。秦相吕不韦（前？—前235年）主政时，从东方六国招揽各派学者、文士入秦，效法信陵君、孟尝君、春申君、平原君，将大批宾客养在门下，《史记·吕不韦列传》记载“厚遇之，至食客三千人”，在吕不韦的主导下，宾客们“上观尚古，删除春秋，集六国时事”，于公元前239年，编成一部名著《吕氏春秋》。吕不韦将《吕氏春秋》公布于咸阳市门，并宣布“有能增损一字者予千金”。据高诱《吕氏春秋·序》记载，当时“无能增损者”。

《吕氏春秋》是一部杂家学说，分为《十二纪》《八览》《六论》三部分，其中《十二纪》即以“孟春”“仲春”“季春”“孟夏”“仲夏”“季夏”“孟秋”“仲秋”“季秋”“孟冬”“仲冬”“季冬”十二个为季节，《十二纪》中还先后记录了“立春”、“蛰虫咸动”（雨水）、“始雨水”（惊蛰）、“日夜分”（春分），“时雨将降”（谷雨）、“立夏”、“命农勉作”（芒种）、“日长至”（夏至）、“小暑至”（小暑）、“土润溽暑”（大暑）、“立秋”、“凉风至”（处暑）、“白露降”（白露）、“日夜分”（秋分）、“霜始降”（霜降）、“立冬”、“水始冰”（小雪）、“冰益壮”（冬至）、“日短至”（小寒）、“冰方盛”（大寒）等相关节气，并给予高度形式化的记叙。可见，战国末，二十四节气的划分已大致成形。

节气的发展完善与天文、历法、气象、数学密不可分。天文学是中国古代文明第一学。天文学的发展给二十四节气、历法的进步提供了很好的条件。汉初传承秦制，沿用《颛顼历》，仍以十月为岁首。但《颛顼历》并不精确，到汉武帝时已出现了“朔晦月见，弦望满亏”的错乱现象。随着经济的繁荣，汉代的天象观测、记录研究日益完善。《汉书·郊祀志》记载，汉武帝元封七年（前104年）十一月甲子日，适逢是正朔（初一），又是冬至，汉人认为这是理想的历元，是历法算起的佳机。中大夫公孙卿、壶遂、太史令司马迁等人上书汉武帝，“历纪坏废，宜改正朔”。

“改正朔”是古代头等大事之一。汉武帝便与御史大夫兒宽、博士赐等商议，遂采纳公孙卿、壶遂、司马迁等人的建议。《汉书·武帝纪》记载，汉武帝很重视改正朔之事，立即下诏令中大夫公孙卿、壶遂、太史令司马迁、侍郎尊、大典星射姓等议《汉历》。又选治历邓平、长乐司马可、酒泉候宜君，民间天文学者二十余人，方士唐都，巴人落下闳亦参与。在这批改历队伍中，有官员、史学家、天文学家、治历者、数学家、方士……组成如此庞大的修订历法队伍，史无前例。他们收集了十八家不同的历法，又以天象观测和多年来日影测量为依据，采用四分历数据，修订历法。这一年五月，于汉都长安宣布改元，下令“以正月为岁首，色上黄，数用五，定官名，协音律”。改元封七年为太初元年（前104年），之后又以国家行政行为向全国颁行新历，用以指导农业生产，史称《太初历》。《太初历》首次把二十四节气订入历法，明确了二十四节气天文位置，使之定型化，这是我国历法上一个划时代的进步。

《太初历》以农历正月为岁首，岁首时间一旦固定，意味着二十四节气和月份的对应关系基本固定，人文时间和自然时间易于协调。《太初历》的特点之一是以冬至为天文年的起算点，冬至成为节气的起点，计算时令的基点。如冬至后第三个戌日为腊日（十二月八日），冬至后四十五日为立春，冬至后百五日是寒食，冬至后百六日是清明。可见，《太初历》的推行，为节气的确定和节日的定名奠定了基础，使传统的岁时节日有了较为固定的时间，为节气、节日的形成、定型创造了时间条件。

汉武帝时，二十四节气是否定型，可从同时代成书的《淮南子》中得到验证。《淮南子》是淮南王刘安（前179？—前122年）门客集体编写的杂家学说，其中，

《天文训》记载，二十四节气是由北斗星斗柄的指向来核定位置的，且在《时则训》中对二十四节气的名称及其顺序所载与后世完全相同。节气是季节变化的时间点，一年二十四个节气，每月两个，每个间隔十五天，每十五天又分成三候，每个节气都有物候标志，这一套时间认知序列，自太初元年（前 104 年）后一直沿用，这可视作二十四节气定型的佐证。在汉代不仅《淮南子》有二十四节气精准名称的记载，成书于汉代的《逸周书・时训解》中也有比较固定的二十四节气名称和序列记录，只是内容与今版二十四节气稍有不同。

二十四节气定型于汉武帝时期，是因为汉武帝执政期间，西汉王朝的政治、经济、文化、科技如日中天，进入全盛时期，天文历法有重大成就。例如《淮南子》一书中，就有“日中有踆乌”的记载。踆乌，也就是黑子的形象。《汉书・五行志》中还有“汉元帝永光元年（前 43 年）四月……日黑居仄，大如弹丸”，这说明太阳边侧有黑子成倾斜形状，大小和弹丸差不多。《汉书・五行志》还有更精确的一次记载：“河平元年（前 28 年）……三月乙未（十八日），日出黄，有黑气大如钱，居日中央。”这里把黑子的位置、时间都记述得十分详细，这是现今世界公认的最早的黑子记录。欧洲直到公元 807 年 8 月 19 日才有黑子记录，比我国晚了 800 多年，伽利略在公元 1610 年方看到黑子。马王堆汉墓出土的帛书《五星占》是我国现存最早的天文学原著之一，其中有五大行星运行的记载。西汉时不仅有详细的天象记录，而且对天文学的研究，盛极一时，汉武帝时，落下闳造浑天仪，太初三年（前 102 年）立日晷仪下漏刻（水钟），以求二十八宿的位置。宣帝时耿寿昌铸铜为像，以测天象。由此可见，我国是世界上天文学发展最早的国家之一。

汉代定型的二十四节气，由于能比较准确地把握自然运行的季节变化，总结出了一套春种、夏长、秋收、冬藏循环的时间刻度，在两千多年的漫长岁月里指导人们的农耕生产、规范民众生活，并由此衍生了丰富多彩的民俗活动，成为中华民族共同认知的文化系统，是人类共享的一份珍贵文化遗产，它所蕴含的顺天应时、尊重自然的认知系统，也对当今社会弘扬中华优秀传统文化、助力乡村振兴具有重要的历史功用。

英国学者李约瑟在《中国科学技术史》中说：“中国人在阿拉伯人以前，是全世界最坚毅、最精确的天文观察者。”二十四节气承载了中国多民族、不同地域、不同时代的农耕生活、饮食习惯、生活禁忌、文化娱乐等多方面的人文内涵，成为传统文化的重要组成部分，在国人的传统社会生活中，作出了极其巨大的贡献，一直延续至今。2006年，国务院公布了第一批国家级非物质文化遗产名录，二十四节气与春节、清明、端午、七夕、中秋、重阳节六个传统节日入选，这是国家对传统节气文化地位的肯定。春节、清明、端午、中秋节等四大传统节日列入国家法定节假日，这是国家传承、弘扬传统文化的举措。2016年11月，经联合国科教文组织保护非物质文化遗产政府间委员会评审通过，“二十四节气——中国人通过观察太阳周年运动而形成的时间知识体系及其实践”列入联合国科教文组织人类非物质文化遗产代表作名录，成为人类共享的文化遗产。这是迄今为止中国申请的最具有历史意义与普遍代表性的人类非物质文化遗产项目。天人共生、顺天应时的二十四节气，为人类社会生活和精神审美，作出了巨大的贡献。

千百年来，人与自然如何和谐相处？是人类不分民族、不分地域共同探索的永恒主题。二十四节气中天人共生的理念是人类共享的文化遗产。

二、史料撷取

二十四节气，不仅是历法，还和气象学、物候学、国人生活休假相关，融入了民俗文化和文学艺术，形成了博大精深的节气文化。这种天时人伦相融通的文化形态，广为传播。敦煌写本中有二十四节气诗。据高国藩《敦煌民俗学》记载：敦煌写本中伯二六二四《卢相公咏二十四节气诗》（标题原有），斯三八八〇《咏廿四气诗》（拟），这两件敦煌写本中的节气诗便是此俗存在的证明。伯二六二四之节气诗，应是卢相公所写，而斯三八八〇之节气诗，卷前无标题，卷后记云：“甲辰年夏月上旬写认，元相公撰，李庆君书。”由此看来是元相公所写，由此可推测这种风习已流传在下层知识群体中。

庆幸的是，这二十四首民间的节气诗保存得比较完整，是研究中古时代节气风俗的难得的资料。

一　咏立春正月节

春冬移律吕，天地换星霜。冰伴游鱼跃，和风待柳芳。

早梅迎雨水，残雪怯朝阳。万物含新意，同欢圣日长。

二　咏雨水正月中

雨水洗春容，平田已见龙。祭鱼盈浦屿，归雁□山峰。
云色轻还重，风光淡又浓。向看入二月，花色影重重。

三　咏惊蛰二月节

阳气初惊蛰，韶光大地周。桃花开蜀锦，鹰老化春鸠。
时候争催迫，萌芽护短修。人间务生事，耕种满田畴。

四　咏春分二月中

二气莫交争，春分两处行。雨来看电影，云过听雷声。
山色连天碧，林花向日明。梁间玄鸟语，欲似解人情。

五　咏清明三月节

清明来向晚，山色自光华。杨柳先飞絮，梧桐续放花。
鸟声知化鼠，虹影指天涯。已识风云意，宁愁谷雨赊。

六　咏谷雨三月中

谷雨春光晓，山川黛色青。桑间鸣戴胜，泽水长浮萍。
暖屋生蚕蚁，暄风引麦葶。鸣鸠徒拂羽，信矣不堪听。

七　咏立夏四月节

欲知春与夏，仲吕启朱明。蚯蚓谁叫出，王瓜自合生。
簇蚕呈□样，林鸟哺雏声。渐觉云峰好，徐徐带雨行。

八　咏小满四月中

小满气全时，如何靡草衰。田家私黍稷，方伯问蚕丝。
杏麦□□□，锄瓜竖棘篱。向来看苦菜，独秀也何为？

九　咏芒种五月节

芒种看今日，螗螂应节生。彤云高影下，鵙鸟往来声。
绿沼莲花放，炎风暑雨清。相逢问蚕麦，幸得称人情。

十　咏夏至五月中

处处闻蝉响，须知五月中。龙潜绿水穴，火助太阳宫。
遇雨频飞电，行云屡带虹。□宾移去后，二气各西东。

十一　咏小暑六月节

倏忽温风至，因循小暑来。竹喧先觉雨，山暗雨闻雷。
户牖深青霭，阶庭长绿苔。鹰雏新学习，蟋蟀莫相催。

十二　咏大暑六月中

大暑三秋近，林钟九夏移。桂轮开子夜，萤火照空时。
瓜果邀儒客，菰蒲长墨池。绛纱浑卷上，经史待风吹。

十三　咏立秋七月节

不期朱夏尽，凉吹暗迎秋。天汉成桥鹊，星娥会玉楼。
寒声喧耳外，白露滴林头。一叶惊心绪，如何得不愁。

十四　咏处暑七月中

向来鹰祭鸟，渐觉白藏深。叶下空惊吹，天高不见心。
气收禾黍熟，风静草虫吟。缓酌罇（樽）中酒，容调膝上琴。

十五　咏白露八月节

露沾蔬草白，天气转清高。叶下和秋吹，惊看两鬓毛。
养羞因野鸟，为客讶蓬蒿。火急收田种，晨昏莫告劳。

十六　咏秋分八月中

琴弹南吕调，风色已高清。云散飘飖影，雷收振怒声。
乾坤能静肃，寒暑喜均平。忽见新来雁，人心敢不惊。

十七　咏寒露九月节

寒露惊秋晚，朝看菊渐黄。千家风扫叶，万里雁随阳。
化蛤悲群鸟，收田畏早霜。因知松柏志，冬夏色苍苍。

十八　咏霜降九月中

风卷清云尽，空天万里霜。野豺先祭兽，仙菊遇重阳。
秋色悲疏木，鸿鸣忆故乡。谁知一罇（樽）酒，能使百愁亡。

十九　咏立冬十月节

霜降向人寒，轻冰绿水漫。蟾将纤影出，雁去几行残。
田种收藏了，衣裘制造看。野鸡投水日，化蜃不将难。

二十　咏小雪十月中

莫怪虹无影，如今小雪时。阴阳依上下，寒暑喜分离。
满月光天汉，长风响树枝。横琴对渌醑，犹自敛愁眉。

廿一　咏大雪十一月节

积阴成大雪，看处乱菲菲。玉管鸣寒夜，披书绕绛帏。
黄钟随气改，鹖鸟不鸣时。何限苍生类，依依惜暮晖。

廿二　咏冬至十一月中

二气俱生处，周家正立年。岁星瞻北极，舜日照南天。
拜庆朝金殿，欢娱列绮筵。万邦歌有道，谁敢动征边。

廿三　咏小寒十二月节

小寒连大吕，欢鹊垒新巢。拾食寻河曲，衔柴绕树梢。
霜鹰延北首，鸲雉隐聚茅。莫怪严凝切，春冬正欲交。

廿四　咏大寒十二月中

腊酒自盈樽，金炉著炭温。大寒宜近火，无事莫开门。
冬与春交替，星同月俱存。明朝换新律，梅柳待阳春。

（录自高国潘《敦煌民俗学》，上海文艺出版社，1989年版，第475—480页）

从以上二十四首《咏二十四节气诗》来看，它是从古代岁时风俗中衍化出来的民间俗诗。它的社会作用很明显，读了诗歌，首先使人明了二十四节气的名称和它们所属的月份，传播了二十四节气的基本风俗知识。

古人说："种田无定例，全靠看节气。"二十四节气从年初到年末，一年四季各种活动都与农事有关，使其成为民众社会生活的时间坐标，是民众多彩文化活动的重要组成部分。因为它与春种、夏长、秋收、冬藏的农业生产，民众生活关系密切，如北方农谚“芒种芒种，连收带种”。种小麦时，又有“白露早，寒露迟。秋分种麦正当时”。农人按节气安排生产生活，适时而作，应季而动。全国各地都有反映这一具有周期性、季节性的诗歌、民祭。无论是大江南北，还是少数民族聚居之地，如能歌善舞的广西壮族、瑶族地区各地都有内容各异的《二十四节气歌》，毛南族还有《二十四节气种植歌》。

附　　录

参考文献

◎ [1] 许慎．说文解字 [M]. 北京：中华书局，1963.
◎ [2] 周公旦．周礼 [M]. 北京：中华书局，1983.
◎ [3] 戴圣．礼记 [M]. 北京：中华书局，1982.
◎ [4] 司马迁．史记 [M]. 北京：中华书局，1975.
◎ [5] 诗经 [M]. 北京：中华书局，1979.
◎ [6] 吕不韦等．吕氏春秋 [M]. 上海：上海古籍出版社，1985.
◎ [7] 逸周书．民国影印版．中华书局据抱经堂本教刊本影印．
◎ [8] 范晔．后汉书 [M]. 北京：中华书局，1965.
◎ [9] 淮南子 [M]// 二十二子．上海：上海古籍出版社，1985.
◎ [10] 孟元老．东京梦华录注 [M]. 北京：中华书局，1982.
◎ [11] 周密．武林旧事 [M]. 北京：中华书局，1991.
◎ [12] 萧放．春节 [M]. 北京：生活・读书・新知三联书店，2009.
◎ [13] 李家瑞．北平风俗类征上下两册（影印本）[M]. 商务印书馆影印本．上海：上海文艺出版社．
◎ [14] 宗懔．荆楚岁时记 [M]. 北京：中华书局，2018.
◎ [15] 王仁裕等．开元天宝遗事十种 [M]. 上海：上海古籍出版社，1985.
◎ [16] 李昉．太平御览 [M]. 北京：中华书局，1985.
◎ [17] 李时珍．本草纲目 [M]. 北京：商务印书馆，1954.
◎ [18] 富察敦崇．燕京岁时记 [M]. 北京：北京古籍出版社，1981.
◎ [19] 班固．汉书 [M]. 北京：中华书局，1962.
◎ [20] 崔寔．四民月令 [M]. 石声汉校注．北京：中华书局，1965.
◎ [21] 王溥．唐会要 [M]. 上海：上海古籍出版社，2006.
◎ [22] 臧应桐．咸阳县志 [M]. 刻本 .1836（清道光十六年）.
◎ [23] 丁世良，赵放．中国地方志民俗资料汇编・华北卷 [M]. 北京：书目文献出版社，1989.
◎ [24] 蔡邕．独断 [M]. 吉林：吉林大学出版社，1992.
◎ [25] 应劭．风俗通义校注 [M]. 王利器，校注．北京：中华书局，1981.
◎ [26] 欧阳询．艺文类聚 [M]. 北京：中华书局，1965.
◎ [27] 刘向．列女传 [M]. 刘晓东，校点．沈阳：辽宁教育出版社，1998.

◎ [28] 张衡 . 东京赋 [M]// 文选 . 北京：中华书局，1977.

◎ [29] 北京大学古文献研究所 . 全宋诗 [M]. 北京：北京大学出版社，1998.

◎ [30] 陈寿 . 三国志 [M]. 北京：中华书局，1959.

◎ [31] 许慎 . 五经异义 [M]. 北京：中华书局，1981.

◎ [32] 袁珂 . 中国神话传说词典 [M]. 上海：上海辞书出版社，1985.

◎ [33] 段成式 . 酉阳杂俎 [M]. 北京：中华书局，1981.

◎ [34] 班固 . 白虎通义 [M]. 北京：中华书局，1994.

◎ [35] 吴自牧 . 梦粱录 [M]. 杭州：浙江人民出版社，1980.

◎ [36] 潘荣陛 . 帝京岁时纪胜 [M]. 北京：北京古籍出版社，1981.

◎ [37] 刘安 . 淮南万毕术 [M]. 北京：中华书局，1992.

◎ [38] 葛洪 . 抱朴子内篇 [M]. 北京：中华书局，1985.

◎ [39] 王充 . 论衡 [M]. 北京：中华书局，1979.

◎ [40] 陈元靓 . 岁时广记 [M]. 上海：商务印书馆，1939.

◎ [41] 左丘明，刘向 . 图说·战国策 [M]. 长沙：岳麓书社，1988.

◎ [42] 房玄龄等 . 晋书 [M]. 北京：中华书局，1974.

◎ [43] 全唐诗 [M]. 北京：中华书局，1960.

◎ [44] 高士奇 . 左传纪事本末 [M]. 北京：中华书局，1979.

◎ [45] 李延寿 . 南史 [M]. 北京：中华书局，1975.

◎ [46] 蒲积中 . 古今岁时杂咏 [M]. 沈阳：辽宁教育出版社，1998.

◎ [47] 尚永亮 . 唐诗观止 [M]. 西安：陕西人民教育出版社，1998.

◎ [48] 张瀚 . 松窗梦语 [M]. 上海：上海古籍出版社，1986.

◎ [49] 顾禄 . 清嘉录 [M]. 南京：江苏古籍出版社，1999.

◎ [50] 韩养民，郭兴文 节俗史话 [M]. 北京：社会科学文献出版社，2011.

◎ [51] 傅玄 . 朝会赋 [M]// 文选 . 北京：中华书局，1977.

◎ [52] 萧子显 . 南齐书 [M]. 北京：中华书局，1983.

◎ [53] 郑处诲，裴庭裕 . 明皇杂录 东观奏记 [M]. 田廷柱，点校 . 北京：中华书局，1994.

◎ [54] 计有功 . 唐诗纪事 [M]. 上海：上海古籍出版社，2008.

◎ [55] 庞元英 . 文昌杂录 [M]. 上海：商务印书馆，1936.

◎ [56] 田汝成 . 西湖游览志余 [M]. 上海：上海古籍出版社，1980.

◎ [57] 清朝野史大观 [M]. 上海：上海书店，1981.

◎ [58] 刘熙 . 释名 [M]. 北京：中华书局，1989.

◎ [59] 赵翼 . 陔余丛考 [M]. 石家庄：河北人民出版社，2003.

◎ [60] 叶梦得 . 石林燕语 [M]. 北京：中华书局，1984.
◎ [61] 张世南 . 游宦纪闻 [M]. 上海：商务印书馆，1936.
◎ [62] 陆游 . 老学庵笔记 [M]. 北京：中华书局，1979.
◎ [63] 周密 . 癸辛杂识 [M]. 北京：中华书局，1988.
◎ [64] 周辉 . 清波杂志校注 [M]. 北京：中华书局，1994.
◎ [65] 褚人获 . 坚瓠集 [M]. 杭州：浙江人民出版社，1986.
◎ [66] 翟灏 . 通俗编（上、下）[M]. 北京：东方出版社，2012.
◎ [67] 张双林 . 外国人笔下的旧京春节 [N]. 北京晚报，2022-01-18.
◎ [68] 郭茂倩 . 乐府诗集 [M]. 北京：中华书局，1979.
◎ [69] 唐圭璋 . 全宋词 [M]. 北京：中华书局，1965.
◎ [70] 袁枚 . 小仓山房诗文集 [M]. 上海：上海古籍出版社，1988.
◎ [71] 应劭 . 汉官仪 [M]. 北京：中华书局，1985.
◎ [72] 汪倜然 . 明代文粹 [M]. 上海：世界书局，1932.
◎ [73] 郭泮溪 . 中国饮酒习俗 [M]. 西安：陕西人民出版社，2002.
◎ [74] 韩鄂 . 岁华纪丽 [M]. 汲古阁，1628.
◎ [75] 孙思邈 . 备急千金要方 [M]. 北京：中国医药科技出版社，2011.
◎ [76] 李志慧 . 中国古代文人风尚 [M]. 西安：陕西人民出版社，2004.
◎ [77] 曹雪芹 . 红楼梦 [M]. 北京：人民文学出版社，2008.
◎ [78] 坂本太郎 . 日本史概说 [M]. 北京：商务印书馆，1992.
◎ [79] 洪迈 . 容斋随笔 [M]. 上海：上海古籍出版社，1978.
◎ [80] 赵翼 . 瓯北诗话 [M]. 南京：凤凰出版社，2009.
◎ [81] 董仲舒 . 春秋繁露 [M]. 上海：上海古籍出版社，1989.
◎ [82] 徐坚 . 初学记 [M]. 北京：中华书局，1962.
◎ [83] 史海念 . 古长安丛书 [M]. 西安：三秦出版社，2013.
◎ [84] 谢肇淛 . 五杂俎 [M]. 上海：上海书店出版社，2001.
◎ [85] 王文濡 . 春谜大观 [M]. 上海：上海进步书局，1920.
◎ [86] 丁世良，赵放 . 中国地方志民俗资料汇编·华东卷 [M]. 北京：书目文献出版社，1995.
◎ [87] 李开周 . 宋朝叫卖堪比音乐节，个个都是全能唱作人 [N]. 北京青年报，2021-05-13.
◎ [88] 熊梦祥 . 析津志辑佚 [M]. 北京：北京古籍出版社，1983.
◎ [89] 薛麦喜 . 黄河文化丛书·民俗卷 [M]. 西安：陕西人民出版社，2001.
◎ [90] 胡朴安 . 中华全国风俗志 [M]. 上海：上海书店，1986.
◎ [91] 屈大均 . 广东新语 [M]. 北京：中华书局，1985.

◎ [92] 惠西成，石子．中国民俗大观 [M]. 广州：广东旅游出版社，1988.
◎ [93] 叶隆礼．契丹国志 [M]. 上海：上海古籍出版社，1985.
◎ [94] 钟敬文，游彪，尚衍斌，等．中国民俗史·宋辽金元卷 [M]. 北京：人民出版社，2008.
◎ [95] 戴永夏．风俗雅韵 [M]. 济南：山东画报出版社，2015.
◎ [96] 刘敬叔．异苑 [M]. 北京：中华书局，1996.
◎ [97] 陈梦雷．古今图书集成·神异典 [M]. 北京：中华书局，1985.
◎ [98] 杜台卿．玉烛宝典 [M]. 北京：中华书局，1975.
◎ [99] 沈括．梦溪笔谈 [M]. 北京：人民出版社，2017.
◎ [100] 苏轼．东坡集 [M]. 北京：中华书局，1985.
◎ [101] 柯克士，考克斯，Cox M.R. 民俗学浅说 [M]. 郑振铎，译．上海：商务印书馆，1934.
◎ [102] 黄石．端午礼俗史 [M]. 香港：香港泰兴书局，1963.
◎ [103] 刘德谦．端午始源又一说 [J]. 文史知识，1983（5）：65-70.
◎ [104] 韩养民．秦汉文化史 [M]. 西安：陕西人民教育出版社，1986.
◎ [105] 韩养民．中国古代节日风俗 [M]. 西安：陕西人民出版社，1987.
◎ [106] 高国藩．敦煌民俗学 [M]. 上海：上海文艺出版社，1989.
◎ [107] 蘅塘退士．唐诗三百首 [M]. 陈婉俊，补注．北京：中华书局，1959.
◎ [108] 卫宏，孙星衍．汉旧仪 [M]. 北京：中华书局，1990.

韩养民

西北大学教授，从事秦汉史、民俗学教学与研究四十余年，我国节庆文化研究方面的著名学者，著作颇丰，多次获得国家级大奖。2010年10月，北京大学节庆文化中心举办全国节庆年会授予韩养民教授“终生成就奖”。

韩养民重要著作译著目录

* 一、主要学术著作

◎ 1.《秦汉文化史》1986年9月，陕西人民教育出版社，同年10月台北里仁书局再版。

◎ 2.《中国古代节日风俗》1987年10月，陕西人民出版社，1989年台北博远出版有限公司再版。

◎ 3.《秦汉风俗》1987年10月，陕西人民出版社，1989年台北博远出版有限公司再版。

◎ 4.《中国风俗文化学》1989年9月，陕西人民教育出版社。

◎ 5.《中国节庆生活》1998年10月，三秦出版社。

◎ 6. 合著《中国古代史》，全书100万字，本人撰写第五、六章，约10万字，1979年福建人民出版社出版。该书为教育部推荐的史学教材，已畅销近30年，发行100多万套。

◎ 7.《风水与汉陵》2003年10月，三秦出版社。

◎ 8.《风水与唐陵》 2003年10月，三秦出版社。

◎ 9.《唐都皇家寺院生活》 2003年10月，三秦出版社。

◎ 10.《中国民俗史》（隋唐卷）2007 年，人民出版社。

◎ 11.《中秋节》（“节日长安丛书”之一）2007 年 1 月，西北大学出版社。

◎ 12.《尊佛的皇帝》2007 年 6 月，山东画报出版社。

◎ 13.《中秋旧事》2008 年 9 月，河北大学出版社。

◎ 14. 合编《黄帝文化志》2008 年 3 月，陕西人民出版社。

◎ 15.《多元的汉文化》2011 年 10 月，陕西人民出版社。

◎ 16.《长安——传统节日之都》2016 年 1 月，西安地图出版社。

◎ 17.《邮票上的节日长安》2018 年 6 月，西安地图出版社。

◎ 18. 合编《中国风俗图志·关中卷》2020 年，中国青年出版总社，2023 年出版英文版。

◎ 19.《汉都年俗文化二千年》2022 年 9 月，陕西旅游出版社。

✳ 二、主编丛书

◎ 1. 主编“中国风俗丛书”，30 卷，约 450 万字。1996 年 8 月至 1994 年 10 月，陕西人民出版社，1989 年 8 月至 1995 年底台北文津出版社、博远出版有限公司相继再版。

◎ 2. 主编“中国社会生活丛书”，10 卷，约 200 万字。1998 年 10 月，三秦出版社。

◎ 3. 主编“汉文化丛书”，9 卷，约 150 万字。2008 年 8 月，陕西人民出版社。

◎ 4. 主编“原生态中国节丛书”，6 卷，约 60 万字。2008 年，河北大学出版社。

◎ 5. 与李颖科主编“节日长安丛书”，10 卷，约 110 万字。2007 年 1 月，西北大学出版社。

◎ 6. 与陈忠实、郭兴文主编“陕西百部文化旅游丛书”，100 卷，约 1500 万字。2001—2009 年，三秦出版社。

✳ 三、合译

◎《文化人类学》（美）1987 年，陕西人民教育出版社。

✳ 四、历史小说

◎ 1.《秦汉宫廷生活》1987 年 8 月，陕西旅游出版社。

◎ 2.《风流皇帝》1988 年 11 月，陕西旅游出版社。

◎ 3.《关中古代战争演义》1986 年 7 月，陕西人民出版社。

✳ 五、论文

◎ 在《中国社会科学》（英文版）、《历史研究》、《人民日报》等重要报刊，以及日本、新加坡刊物发表论文、散文、随笔、杂文等 200 余篇，约 80 万字。

✳ 六、获奖

◎ 1. “中国风俗丛书”获得北方十五省、市、自治区哲学、社会科学优秀图书一等奖。

◎ 2.《中国民俗史》（隋唐卷）2009 年 10 月获第九届中国民间文艺山花奖，民间文学艺术著作奖；2010 年 10 月获北京市委、市政府颁发的“第十一届哲学社会科学优秀成果特等奖”；2013 年 3 月 21 日获“教育部第六届高等学校科研优秀成果一等奖”。

◎ 3. 个人奖

（1）2010 年北京大学举办的全国节庆年会授予终身成就奖；

（2）2010 年文化部授予国家十大文化创新工程奖。

＊ 七、策划活动

◎ 1. 2005 年 3 月在珠海圆明新园策划恭祭佛祖舍利，与会者万人。

◎ 2. 2005 年重阳节组织策划国际影星成龙民祭黄帝陵。

◎ 3. 2008 年在西安组织海峡两岸将军同祭人文初祖黄帝陵，担任总策划人。

◎ 4. 2010 年组织中华孝文化论坛。